D1753045

Geldgeschenke

INHALT

Ohren gespitzt! 6
Hasendose

Österliche Blumengrüße 8
Osterkarte
Ostergesteck

Lustige Kartengrüße 10
Clown
Luftballons
Raupe

Taschengeld für Kinder 12
Lausbubenkarte
Mädchenkarte

Wenn zwei sich trauen 14
Froschkonzert
Hochzeitsbaum

Aussteuer gesichert 16
Aussteuerschrank
Rosentöpfchen

Willkommen im Leben! 18
Dose zur Taufe oder Geburt
Karte zur Geburt

Bares für den Nestbau 20
Wohnzimmer

Sensationen 22
Fesselballon
Litfaßsäule

Shopping-Cash 24
Bar-Bügel
Smoking-Fliege
Hosen-Taschengeld

Sportliche Euros 26
Skier
Tennisschläger
Skateboard

Hobby-Euros 28
Mechaniker/in
Gärtner/in
Kochen
Hausbau

Sprüche klopfen! 30
Geld wie Heu!
Steinreich!
Gut gepolstert!

Viel Vergnügen! 32
Kino
Guten Appetit!
Klavierkonzert

Hurra, geschafft! 34
Schultüte
Abschluss-Zeugnis

Ernteglück 36
Vogelscheuche
Kürbiskarte

Süßes oder Bares? 38
Adventskalender
Engel

Weihnachtliche Boten 40
Nikolaus
Schlitten

Motivvorlagen 42

Ohren gespitzt!

Ein wirklich wertvoller Hase grüßt zum Osterfest und bewacht überdies auch in der Dose kleine Aufmerksamkeiten. Verstecken Sie ihn gut, denn nur ein eifriger Sucher hat dieses Prachtstück verdient.

Anleitung

Hasendose

MATERIAL:
- Spanschachtel, oval, 5 x 12 cm
- Allesfarbe, grasgrün, weiß, braun, blau, schwarz
- Firnis, matt
- Holzperle, orange, ø 5 mm
- Moosgummi, 2 Grüntöne
- 2 Holzfüße mit Bein, 35 mm
- 9 Holzblumen in verschiedenen Farben
- 2 Holzhalbkugeln, 30 mm
- Styropor-Ei, 6 cm
- handgeschöpftes Papier, rot
- Dekoband, 10 mm breit, 40 cm lang
- Besenhaare
- Pompon, braun, ø 15 mm
- Bastelkleber, Fotokleber, Schere, Pinsel
- 3 Geldscheine

▶ Die Spandose mit grüner Allesfarbe bemalen.
▶ Die Holzfüße und die beiden Holzhalbkugeln braun bemalen, auf eine Halbkugel Augen und Zähne aufzeichnen.
▶ Etwas braune und schwarze Farbe mischen und Zehen auf die Füße malen.
▶ Die bemalten, trockenen Teile mit Firnis lackieren.
▶ Die beiden Holzhalbkugeln werden – mit einem kleinen Stück Moosgummi dazwischen – zusammengeklebt. So entsteht eine Lücke zum Einschieben der Geldscheine.
▶ In die Holzperle ein paar Besenhaare kleben und als Nase aufsetzen.
▶ Aus dem Moosgummi das Gras nach Vorlage (Seite 42) ausschneiden und um den unteren Teil der Dose kleben.
▶ Das Styropor-Ei mit klein gerissenen Stückchen aus dem handgeschöpften Papier bekleben und mit dem Dekoband eine Schleife um das Ei binden.
▶ Die Hasenfüße auf die Dose kleben.
▶ Aus einem Geldschein das Körpervorderteil nach Vorlage (Seite 43) falten.
▶ Das Rückenteil aus braunem Tonkarton passend ausschneiden, den braunen Pompon hinten ankleben.
▶ Die beiden Körperteile an den Seiten mit Fotokleber zusammenfügen und über die Hasenbeine schieben.
▶ Den Kopf auf das Körperoberteil schieben, die Ohren aus zwei Geldscheinen nach Vorlage (Seite 43) falten und dann einschieben.
▶ Das Ei und die Holzblumen arrangieren und aufkleben.
▶ In der Dose ist Platz für weitere, kleine Aufmerksamkeiten.

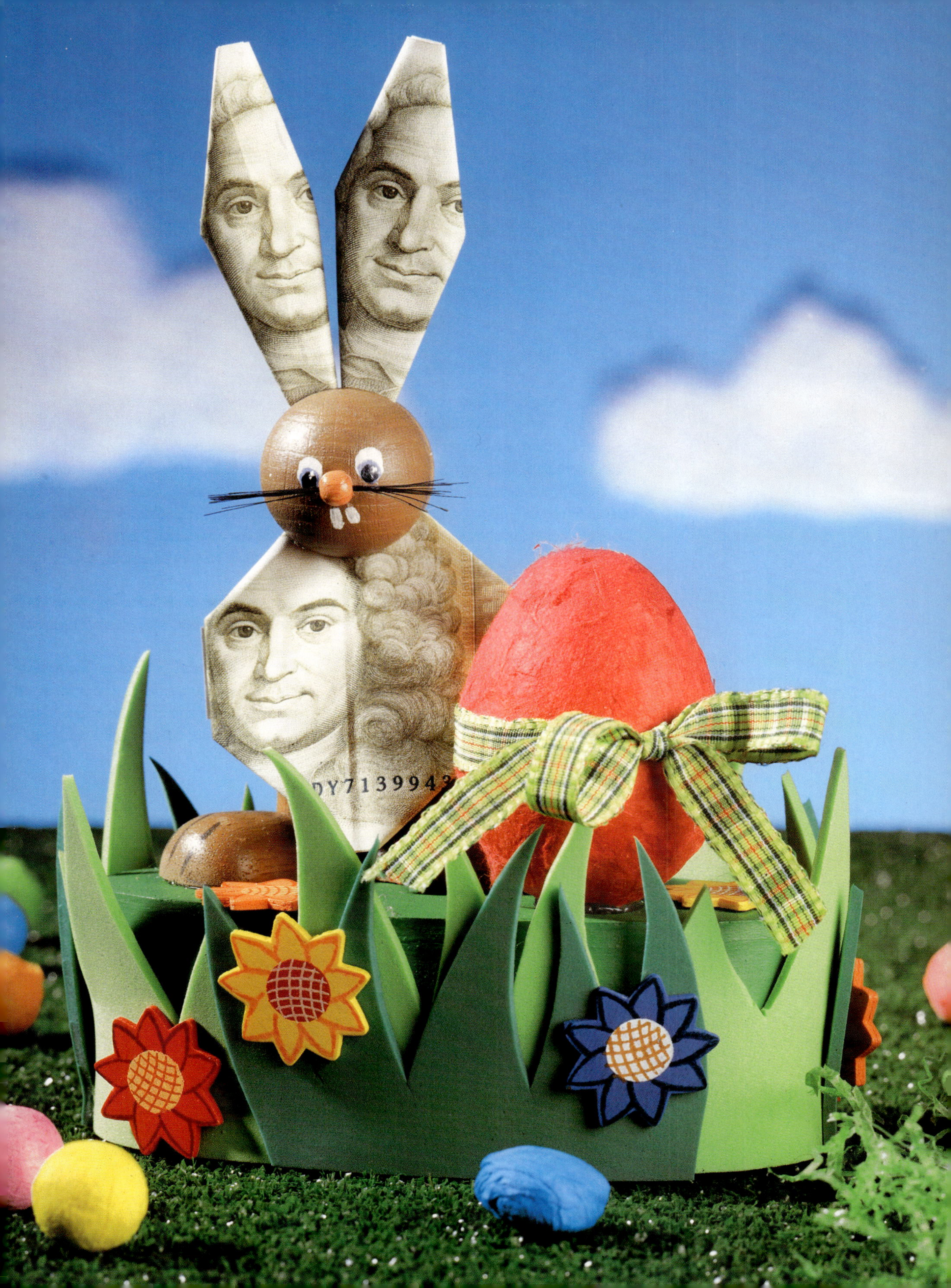

Österliche Blumengrüße

Was hat sich da im Ei versteckt? Diese Frage ist rasch beantwortet, denn hier gibts ein Ei mit Durchblick. Und wie gut duftet erst diese neue Züchtung eines Frühlingsblühers? Na klar, nach der Erfüllung eigener Wünsche.

MATERIAL:

Osterkarte
- Doppelkarte, hellblau, 21 x 15 cm
- Wellpappe, orange, grün
- Tonkarton, weiß, natur
- Dekoband, 25 mm breit, 60 cm lang
- 4 Holzblumen, 2x gelb, 1x orange, 1x blau, 2 Holzwolken, 1 Holzsonne
- Bastelkleber, Schere, Cutter, Klebefilm
- 5 Geldscheine

Ostergesteck
- Sonnenblumenstiel, Häkeltechnik
- 3 Stäbe Elefantenried, grün
- Steckmoos
- Tontopf
- Seegras, gelb
- Bast, grün
- 3 Deko-Eier, 30 mm
- 3 Holzblumen
- 1 farbige Holzklammer
- Tonkarton, weiß
- Filzstift, blau
- Heißkleber, Fotokleber, Schere, Strohblumennadeln
- 7 Geldscheine

Anleitung

Osterkarte
- Aus der orangen Wellpappe ein Ei nach Vorlage (Seite 44) ausschneiden.
- Die Geldscheine so klein falten, dass die Zahl oben liegt. Diese mit Klebefilm hinter die Kreisöffnungen kleben.
- Aus der grünen Wellpappe das Gras nach Vorlage (Seite 44) ausschneiden und auf das Ei kleben.
- Den angeschnittenen Streifen am Ei umbiegen und nur an diesem Streifen das Ei auf der Karte festkleben.
- Rechts und links vom Ei mit dem Cutter einen 25 mm langen Schnitt in die Karte ritzen.
- Das Dekoband durchziehen und vorne um das Ei eine Schleife binden.
- Die Holzteile auf der Karte anordnen (siehe Foto) und aufkleben.

Ostergesteck
- Den Tontopf mit Steckmoos füllen, mit dem gelben Seegras abdecken und dieses mit den Strohblumennadeln fixieren.
- Die Geldscheine nach Vorlage (Seite 45) falten und mit Fotokleber zwischen Staubgefäßen und Rückseite des Blumenkopfes der Sonnenblume einkleben.
- Die Blume und die Riedstäbe in den Topf stecken.
- Mit dem Bast eine Schleife binden und mit den Eiern und zwei Holzblumen einkleben.
- Einen Ostergruß auf den Tonkarton schreiben, ausschneiden und mit einer Holzblume auf die Holzklammer kleben.
- Klammer an der Bastschleife anbringen.

FROHE OSTERN

Lustige Kartengrüße

Besonders Kinder freuen sich über die so nett gestalteten Geldboten, denn sie haben viele Wünsche. Ob zum Geburtstag oder einfach zwischendurch: Raupe, Clown oder Luftballons können bei der Erfüllung helfen.

MATERIAL:

Für alle Karten:
- Bastelkleber, Fotokleber, Schere, Motivschere
- Doppelkarton, A5, 1x gelb, 2x blau

Clown
- Tonpapier, A4, gelb
- Tonkarton, grün, blau, weiß
- Moosgummi, „bunte Flecken" sowie Struktur, rot, gelb und schwarz
- 2 Pompons, gelb, ø 10 mm
- rote Wolle
- Holzplatine, ø 30 mm
- Allesfarbe, weiß, schwarz, blau, rot
- Pinsel
- Geldschein

Luftballons
- Tonpapier, A4, blau
- Tonkarton, blau
- Moosgummi, Struktur, blau, hautfarben sowie gelb, grün, rot
- Wackelauge, ø 10 mm
- Satinband, verschiedene Farben, 3 mm breit
- Heißklebepistole
- 5 Münzen

Anleitung

Clown
- Den grünen Tonkarton mit der Motivschere auf ca. 18,5 x 14 cm zuschneiden und auf die Doppelkarte kleben.
- Aus dem Moosgummi nach den Vorlagen (Seite 46) die Einzelteile ausschneiden.
- Die Holzplatine mit einem Clowngesicht bemalen, die Wolle als Haare aufkleben.
- Schriftkärtchen ausschneiden, beschriften und aufkleben.
- Den Geldschein einmal längs, dann zur Ziehharmonika falten und an den Seiten mit Fotokleber versehen.
- Nun alle vorgefertigten Teile auf die Karte aufkleben.
- Das gelbe Tonpapierblatt falten und als Einlegeblatt verwenden.

Luftballons
- Den hellblauen Tonkarton mit der Motivschere auf 18,5 x 14 cm zuschneiden und auf die Doppelkarte kleben.
- Aus dem Moosgummi nach den Vorlagen (Seite 46) die Luftballons ausschneiden.
- Von den Satinbändern je 30 cm als Schleife binden, den Rest als Halteschnur herunterhängen lassen, die fertigen Schleifen auf die Luftballons, und diese dann auf die Karte kleben.
- Die Münzen mit Fotokleber auf den Luftballons befestigen.
- Schriftkärtchen ausschneiden, beschriften und aufkleben.
- Das hellblaue Tonpapierblatt falten und als Einlegeblatt verwenden.

Raupe
- Den grünen Tonkarton mit der Motivschere auf 14 x 20 cm zuschneiden und auf die Doppelkarte kleben.
- Das Gras aus dem grünen Tonkarton nach Vorlage (Seite 47) ausschneiden und aufkleben.
- Aus dem Moosgummi Kreise ausschneiden, jeden Kreis etwas kleiner.
- Aus dem schwarzen Moosgummi die Schuhe nach Vorlage (Seite 47) ausschneiden.
- Die Moosgummi-Teile und die Holzplatine auf die Karte kleben.
- Den Zylinder halbieren und das 6 mm breite Satinband herum kleben.
- Den Geldschein zur Ziehharmonika falten, in der Mitte knicken und in das Hutband schieben.
- Den Zylinder aufkleben, den gefalteten Geldschein auf der Karte mit Fotokleber fixieren.
- Die Geldstücke auf die Moosgummi-Scheiben mit Fotokleber aufsetzen.
- Holzteile auf die Karte kleben.
- Mit dem 3 mm breiten Satinband eine Schleife binden und anbringen.
- Das hellgrüne Tonpapierblatt falten und als Einlegeblatt verwenden.

Raupe
- Tonpapier, hellgrün
- Tonkarton, hellgrün, dunkelgrün
- Moosgummi, verschiedene Farben
- Holzplatine, ø 40 mm
- 2 Marienkäfer, 3 Blumen, 1 Schmetterling aus Holz
- Zylinder, 30 mm
- Satinband, rot, 3 mm breit, 30 cm lang und 6 mm breit, 10 cm lang
- 1 Geldschein
- 7 Münzen

Taschengeld für Kinder

Ob für Jungen oder Mädchen: mit dieser treffenden Grußkarte können sich Kinder einen ganz besonderen Wunsch zum Geburtstag erfüllen. Die Liste dafür ist gewiss sehr lang.

MATERIAL:

Für beide Karten
- Heißklebepistole, Fotokleber, Motivschere, Pinsel, Filzstift
- handgeschöpftes Papier „Moonrock"
- Holzplatine mit Gesicht, ø 30 mm
- Holzhände, 15 mm
- Kunsthaar-Puppenzopf

Lausbubenkarte
- Tonkarton, grün
- Schwedenholz-Schuhe, 18 mm
- Holzluftballons
- Satinband, grün, 10 mm breit, 20 cm lang
- Allesfarbe, schwarz
- 5 Geldscheine

Mädchenkarte
- Tonkarton, lila
- Schwedenholzschuhe, 25 mm
- 2 Holzrundstäbe, 4 mm breit, 5 cm lang
- Holzblume
- Satinband, lila, 3 mm breit, 20 cm lang
- 2 Wachsperlen, ø 3 mm
- Allesfarbe, lila
- 4 Geldscheine

Anleitung

Lausbubenkarte

▷ Die Karte aus handgeschöpftem Papier mit der Motivschere zuschneiden.

▷ Einen Geldschein als Jacke nach Vorlage (Seite 48) falten, zwei Geldscheine so als Ärmel falten, dass die Zahl unten am Ärmel zu sehen ist.

▷ Für die Hosenbeine je einen Geldschein an der Unterseite 1 cm breit als Umschlag, dann die Scheine auf 3 cm Breite falten.

▷ Den Kopf mit den Haaren versehen und die Schuhe mit schwarzer Allesfarbe bemalen.

▷ Den Tonkarton beschriften und mit der Motivschere zuschneiden.

▷ Die Geldscheine mit Fotokleber, alle anderen Teile mit Heißkleber auf der Karte anordnen und befestigen.

Mädchenkarte

▷ Die Karte aus handgeschöpftem Papier mit der Motivschere zuschneiden.

▷ Einen Geldschein als Bluse nach Vorlage (Seite 48) falten, zwei Geldscheine als Ärmel so rollen, dass die Zahl unten am Ärmel zu sehen ist.

▷ Für den Rock einen Geldschein als Ziehharmonika falten.

▷ Den Kopf mit den Haaren versehen, Zöpfe flechten und die Enden mit Schleifen aus dem Satinband und den Wachsperlen versehen.

▷ Die Schuhe mit der Allesfarbe bemalen und in jeden Schuh ein 5 cm langes Stück Rundstab einkleben.

▷ Den Tonkarton beschriften und mit der Motivschere zuschneiden.

▷ Die Geldscheine mit Fotokleber, alle anderen Teile mit Heißkleber auf der Karte anordnen und befestigen.

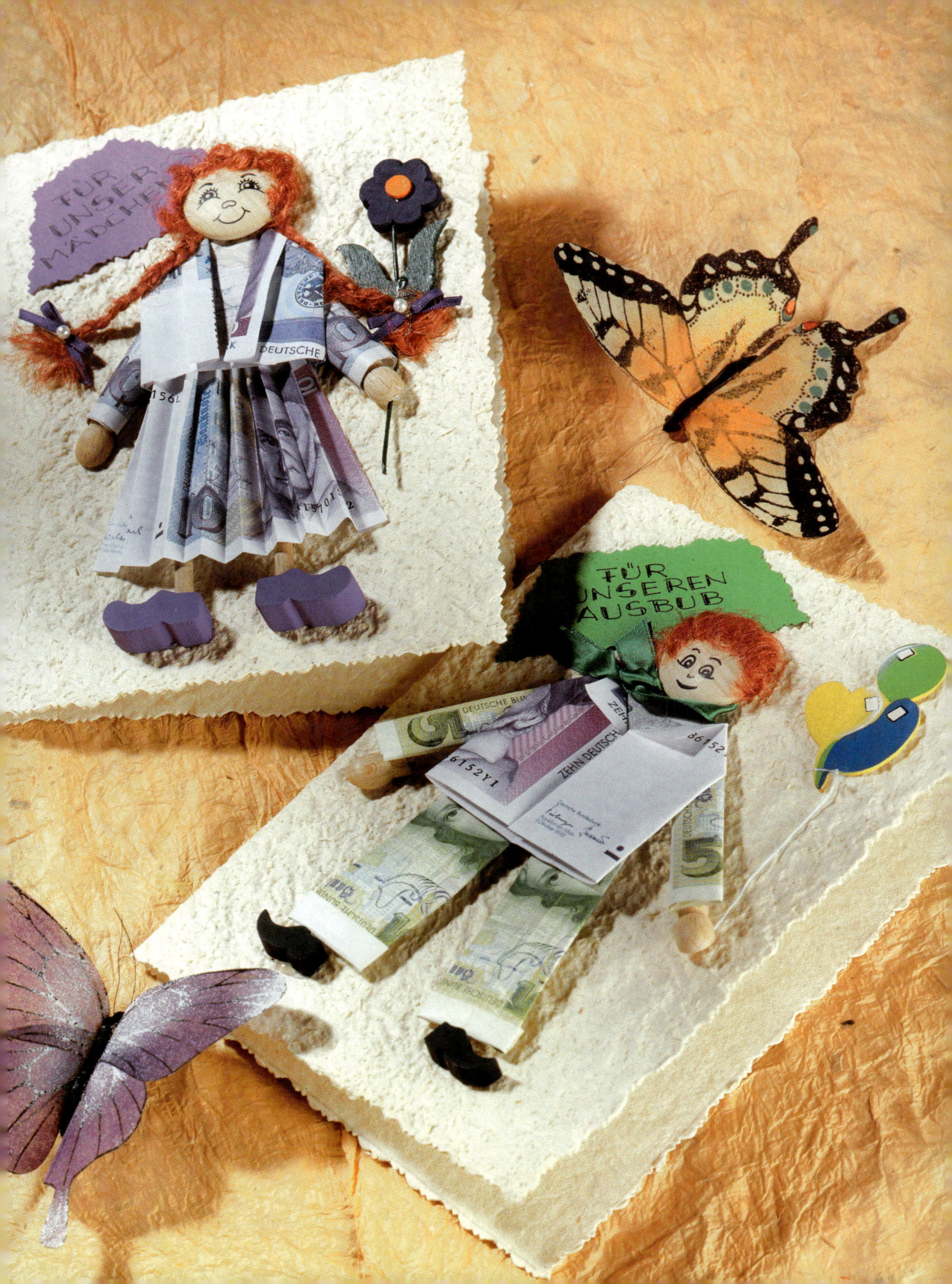
FÜR UNSERE MÄDCHEN
FÜR UNSEREN HAUSBUB

Wenn zwei sich trauen ...

... gibt es ein wahres Froschkonzert unter dem Hochzeitsbaum. Viel Glück und ein finanzielles Polster für die gemeinsame Zukunft wünschen Sie auf diese Weise!

MATERIAL:

Froschkonzert
- Tonkarton, hellblau, mittelblau, weiß
- Moosgummi, grün
- Wellpappe, grün, rot, schwarz
- je 2 Wackelaugen, ø 10 mm und ø 8 mm
- Wachsperlen, ø 3 mm
- 2 Holzwolken, 1 Holzwolke mit Sonne
- Satinband, grün, 3 mm breit, 10 cm lang
- Tüll, 10 cm breit, 10 cm lang
- Stempel „Zur Hochzeit"
- Bastelkleber, Fotokleber, Schere, Heißklebepistole, Motivschere
- 8 Geldscheine, 2 Münzen

Hochzeitsbaum
- Friesenbaum, 45 cm
- Buchsgirlande, 2 m lang
- Tüll, weiß, 10 cm breit, 60 cm lang
- Satinband, weiß, 3 mm breit, 4,5 m lang und rot, 3 mm breit, 60 cm lang
- Organzaband, weiß, 40 mm breit, 1,2 m lang
- Satin-Zylinder und -Hut
- 3 Deko-Blumensträußchen
- 6 Styroporherzen, 6 cm
- Japanpapier, rot
- je 4 Holzherzen, rot, 20 mm und 10 mm
- Bastelkleber, Schere, Heißkleber
- 5 Geldscheine

Anleitung

Froschkonzert

▶ Den hellblauen Tonkarton mit der Motivschere auf 50 x 70 cm zuschneiden und zu einer Karte falten.

▶ Den mittelblauen Tonkarton unregelmäßig reißen und als See auf die Karte kleben.

▶ Die Frösche und den Hut aus Wellpappe und die Gräser aus Moosgummi nach Vorlage (Seiten 49/50) ausschneiden, auf der Karte anordnen und mit Heißkleber befestigen.

▶ Bei der Braut den Tüll als Schleier zuerst befestigen, dann den Kopfschmuck aus Wachsperlen fertigen und mit etwas Gras aufsetzen.

▶ Die Wackelaugen aufkleben und auf dem Bauch der Frösche die Münzen mit Fotokleber befestigen.

▶ Einen Geldschein eng falten, mit dem Satinband in der Mitte abbinden und dem Froschmann als „Fliege" mit Fotokleber aufsetzen.

▶ Die übrigen Geldscheine nach Vorlage (Seite 51) zu Geldfröschen falten und mit Fotokleber auf der Karte anbringen.

▶ Den Schriftzug auf den weißen Tonkarton stempeln.

▶ Den Tonkarton mit dem Schriftzug als Wolke ausschneiden und mit den Holzstreuteilen auf der Karte anordnen und festkleben.

Hochzeitsbaum

▶ Den Friesenbaum mit der Buchsgirlande umwickeln und an den Enden mit Heißkleber befestigen.

▶ Das Japanpapier in kleine Stücke reißen und die Styroporherzen damit bekleben.

▶ Eine Aufhängung (7 cm) aus dem weißen Satinband fertigen und ankleben, 2 Doppelschleifen binden und mit aufsetzen.

▶ Die Herzen an den Baum hängen und mit Kleber fixieren.

▶ Das Tüllband um den Mittelstab drapieren und mit den Hüten, den Blumen und den Holzherzen schmücken.

▶ Aus dem Organzaband und dem roten Satinband jeweils eine Doppelschleife binden und zusammen mit einem Holzherz unten am Mittelstab ankleben.

▶ Die Geldscheine als Ziehharmonika falten, mit weißem Satinband abbinden und am Baum mit einer Schleife befestigen.

Zur Hochzeit

Aussteuer gesichert

Macht Geld glücklich? Glücklicher als zehn Tortenteller allemal. Und so romantisch verpackt erst recht! Wenn das Hochzeitspaar hier nicht noch viel länger im siebten Himmel schwebt!

MATERIAL:

Aussteuerschrank
- ☐ Puppenhaus-Schrank
- ☐ Textilblümchen
- ☐ Holzherz
- ☐ Papier-Brautpaar
- ☐ Korken
- ☐ Geschenkband, weiß, 20 cm lang
- ☐ Kleber, Klebefilm
- ☐ 1 Geldschein

Rosentöpfchen
- ☐ Terrakotta-Töpfchen, ø ca. 8 cm,
- ☐ Terrakotta-Stift, rot
- ☐ Steckmoos
- ☐ 7 Schaschlikstäbchen
- ☐ 7 Blumenmanschetten, Durchmesser ca. 8 cm
- ☐ 4 Stoffblümchen
- ☐ Basteldraht, Kleber, Klebefilm
- ☐ 3 Geldscheine

Anleitung

Aussteuerschrank
- ▶ Den Schrank mit aufgeklebten Textilblümchen und dem Brautpaar dekorieren und alles fixieren.
- ▶ Das Holzherz oben ankleben.
- ▶ Um den aufgerollten Geldschein hinter der Schranktür stehend zu platzieren, diesen stramm um einen Korken wickeln, mit Klebeband fixieren und mit Geschenkband umwickeln.
- ▶ Den Schein mit dem Ende des Korkens auf dem Schrankboden festkleben (weiteres Foto siehe Seite 2).

Rosentöpfchen
- ▶ Auf das Tontöpfchen mit dem Terrakotta-Stift Herzchen malen und den Topf mit Steckmoos füllen.
- ▶ Die Stoffblümchen in die Blumenmanschetten kleben und auf sie Schaschlikstäbchen stecken.
- ▶ Die Geldscheine, an den schmalen Seiten beginnend, im Zickzack falten, dann in der Mitte mit einem Basteldraht zusammennehmen und auseinander fächern. Die offenen Enden mit etwas Klebefilm schließen.
- ▶ Den Draht durch das Loch in der Manschette ziehen und um das Schaschlikstäbchen wickeln.
- ▶ Blumen und Geldblumen arrangieren und in das Moos stecken.

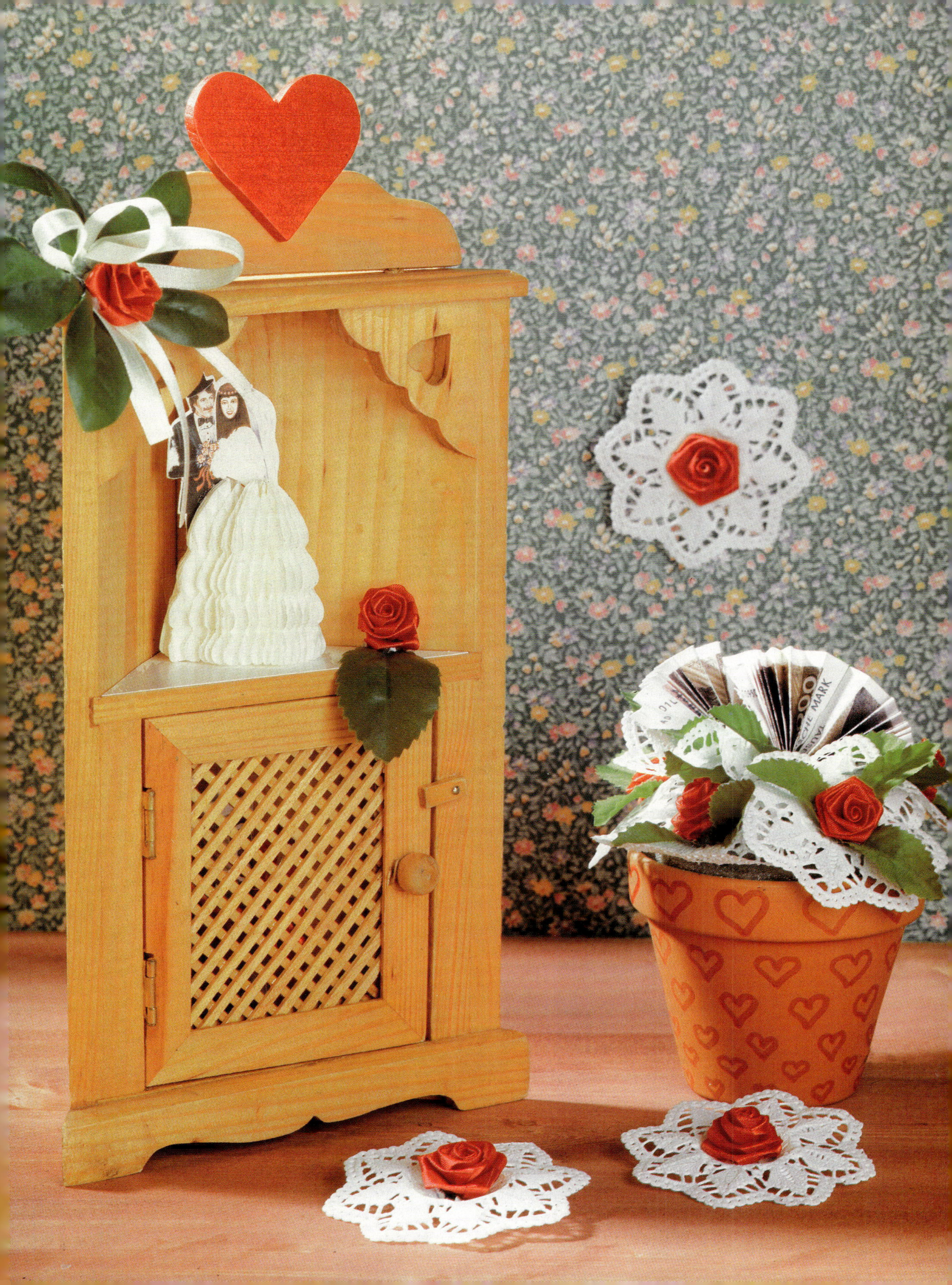
MARK

Willkommen im Leben!

Ob zur Geburt oder Taufe: So heißen Sie den neuen Erdenbürger herzlich willkommen. Ob Ihr Geschenk aufs Sparbuch wandert oder gleich umgesetzt wird, überlassen Sie den glücklichen Eltern.

MATERIAL:

Dose zur Taufe oder Geburt
- Spandose, quadratisch, 13 x 13 cm
- Allesfarbe, rosa oder blau
- Firnis, seidenmatt
- Decorating Paste
- Metallschablone „Kinderwagen"
- Deko-Storch
- Tüll, weiß, 10 cm breit, 1 m lang
- Rosenorganzaband, 4 cm breit, 10 cm lang
- Satinband, altrosa, 3 mm breit, 1,5 m lang
- Dior-Röschen, altrosa
- Seidenblumen, weiß
- Perlenstrang, weiß
- Buchsgirlande, grün, 70 cm
- Dekofedern, weiß
- Bastelkleber, Fotokleber, Heißkleber, Schere, Pinsel, Spachtel, Draht
- 3 Geldscheine

Karte zur Geburt
- Tonkarton, lila, 21 x 30 cm
- Pergamentpapier, graumeliert
- Tonkarton, weiß, natur
- Glückwunschstempel
- Prägepulver, gold
- 5 Holzblumen, 25 mm
- 1 Holzluftballon, 50 mm
- Satinband, lila, 20 cm lang
- Bastelkleber, Fotokleber, Schere, Motivschere, Cutter
- 1 Geldschein

Anleitung

Dose zur Taufe oder Geburt
- Die Spandose mit der Allesfarbe bemalen, nach dem Trocknen mit Firnis zweimal lackieren.
- Die Buchsgirlande am Deckelrand wellenförmig mit Heißkleber anbringen.
- Aus dem Tüll, den Blumen, dem Perlenstrang und der restlichen Buchsgirlande einen dekorativen Tuff binden und mit Heißkleber auf der Dose befestigen.
- Mit den Dekofedern das Dosenoberteil zusätzlich ausschmücken.
- Das Organzaband mit Draht abbinden und als „Tragetuch" am Storchenschnabel festkleben.
- Einen Geldschein als Ziehharmonika falten und in das „Tragetuch" schieben.
- Den Storch mit Heißkleber auf der Dose festkleben.
- Zwei Geldscheine als Ziehharmonika falten, in der Mitte mit dem Satinband abbinden und eine Schleife binden.
- Die Scheine in der Mitte mit Fotokleber zu einem Fächer zusammenkleben, dann mit Fotokleber auf die Dose setzen.
- Die Metallschablone jeweils auf einer Seite des Dosenunterteils auflegen, mit einer Hand gut andrücken und mit einem Spachtel die Decorating Paste auftragen. Die Schablone vorsichtig abheben und die Paste trocknen lassen.
- Aus Satinband vier kleine Schleifen binden und auf die Kinderwagen kleben.

Karte zur Geburt
- Aus dem lila Tonkarton eine Karte falten.
- Pergamentpapier mit der Motivschere auf 15 x 20 cm, den weißen Tonkarton auf 13 x 18 cm zuschneiden und auf die Karte kleben.
- Den Kinderwagen mit dem Cutter aus dem weißen Tonkarton nach Vorlage (Seite 52) ausschneiden.
- Den weißen Tonkarton an drei Seiten auf die Karte kleben, von der vierten Seite aus den Geldschein vorsichtig hineinschieben, so kann dieser auch leicht wieder herausgenommen werden.
- Den Schriftzug auf den naturfarbenen Tonkarton stempeln und mit Prägepulver bestreuen. Überschüssiges Pulver abschütteln und den Schriftzug von hinten über einer Herdplatte oder einem umgedrehten Bügeleisen vorsichtig erwärmen, bis das Pulver schmilzt.
- Das Satinband an die Luftballons kleben und alles mit den Holzblumen und dem beschrifteten Kärtchen auf der Karte arrangieren und festkleben.

HERZLICHEN GLÜCKWUNSCH

Bares für den Nestbau

Die erste gemeinsame Wohnung. Aber noch ist sie leer! Teppich, Sessel, Sofa, Tisch? Das Gemälde an der Wand signalisiert: „Ab ins Möbelhaus – freie Auswahl!"

MATERIAL:
- Feste Schachtel, ca. 15 x 15 x 20 cm
- Wellpappe, verschiedene Farben
- Tonpapier als Fußboden
- Tonkarton, gemustert
- 20 Holzperlen, rund und eckig
- Papier, blau
- Leinenstoff, ca. 9 x 15 cm als Teppich
- Schaschlikstäbchen
- Geschenkpapier
- Miniatur-Deko-Teile
- wasserfester Filzstift, Lineal, Cutter, Klebefilm, Kleber, Schere
- Geschenkband
- 1 Geldschein

Anleitung

▶ Von der Schachtel den Deckel und ein Seitenteil abschneiden.
▶ Alle Seitenteile innen und außen mit Wellpappe bekleben.
▶ In einem Seitenteil vorher ein Fenster (ca. 5 x 7 cm) herausschneiden und mit blauem Papier hinterkleben.
▶ Den Boden mit Tonpapier auslegen und befestigen.
▶ Schaschlikstäbchen auf etwa 10 cm kürzen und mit dem Filzstift anmalen.
▶ Für die Gardinen zwei Stücke Geschenkpapier (je ca. 7,5 x 8 cm) von der langen Seite her im Zickzack zu vier Falten zusammennehmen und gefalzt lochen. Die Gardinen auf das Schaschlikstäbchen schieben und auf die Stäbchen-Enden je eine eckige Holzperle stecken.
▶ Die Gardinen mit Gardinenstange über das Fenster kleben.
▶ Den Leinenstoff an den Ecken als Teppich auf den Boden kleben.
▶ Für Sessel, Sofa und Tisch den gemusterten Tonkarton nach Vorlage (Seite 53) ausschneiden, falzen und mit den Klebelaschen verkleben.
▶ Bei Sessel und Sofa je eine Perle, beim Tisch je zwei Perlen übereinander als Füße unter die Ecken kleben.
▶ Aus Tonkarton einen Rahmen (ca. 4,5 x 8,5 cm) schneiden, den Geldschein passend dahinter falten und mit etwas Klebefilm fixieren. Das Gemälde mit den Kartonecken an die Wand kleben.
▶ Das Zimmer mit den Miniatur-Deko-Teilen verschönern und mit einer Schleife schmücken.

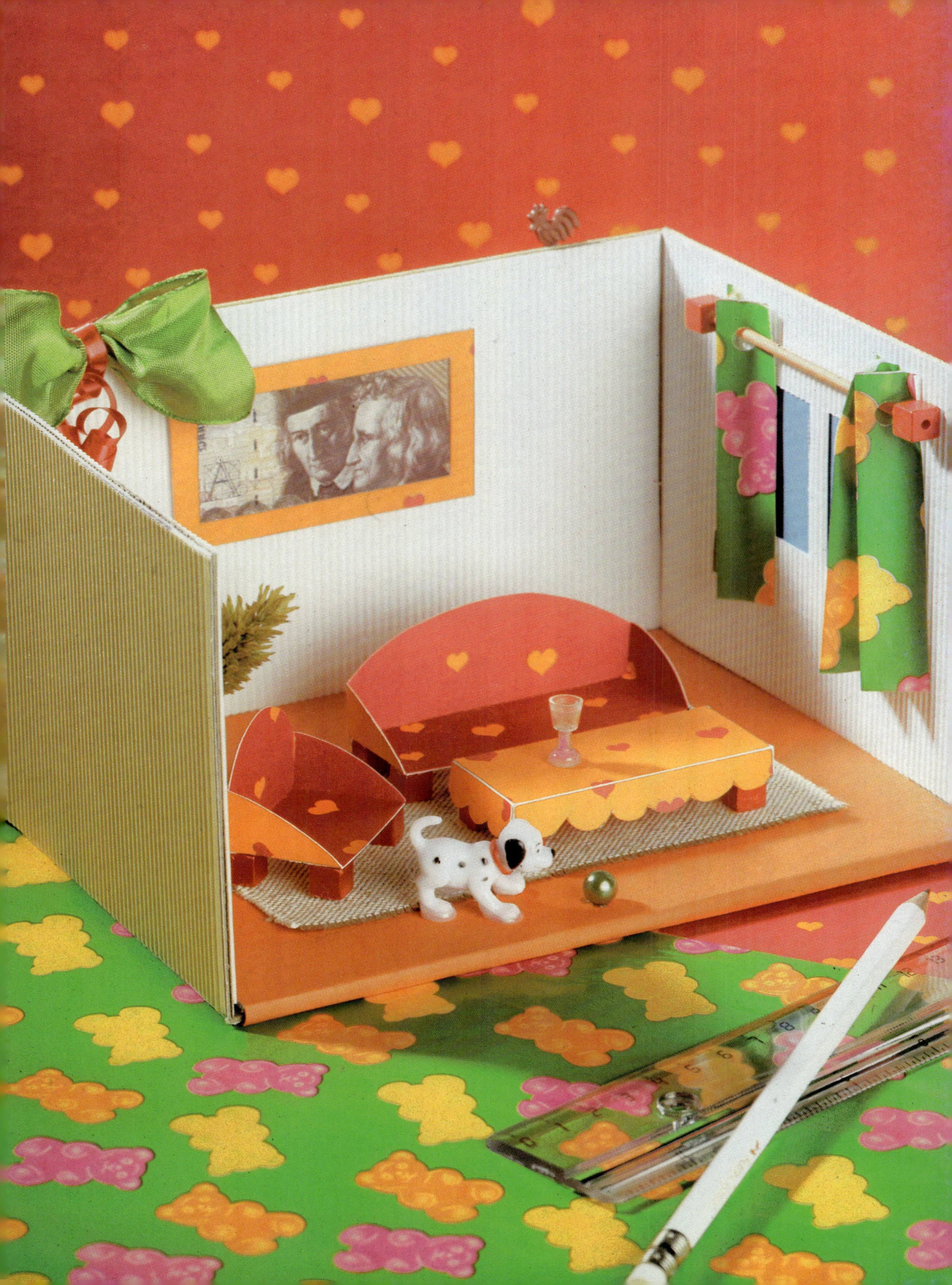

Sensationen

Ein Glückwunsch wird zum Ereignis, ob angeschlagen an der Litfaßsäule oder sichtbar im Ballon. Ausgestattet mit dem nötigen Kleingeld will bald jeder so gewürdigt werden. So kann der Beglückte wirklich abheben.

MATERIAL:

Fesselballon
- Plastikkugel, ø 10 cm
- Spandose, rund, ø 6,5 cm
- Sisalschnur, hellgrün, 2 m lang
- Sisalschnur, dunkelbraun, 1,5 m lang
- Wellpappe, grün
- Zellophanfolie
- Golddraht
- Bastelkleber, Fotokleber, Schere
- 60 Ein-Pfennig-Stücke
- 10 bis 12 Geldscheine

Litfaßsäule
- Pappdose mit spitzem Deckel und Kugel, 20 cm hoch, 9 cm Durchmesser
- Wellpappe, grün, rot
- Allesfarbe, rot
- Tonkarton, natur
- Klebemotiv in Gold
- Bastelkleber, Fotokleber, Schere, Pinsel, Filzstift
- 7 identische sowie 4 verschiedene Geldscheine

Anleitung

Fesselballon

▸ 8 bis 10 Geldscheine als Ziehharmonika falten, in der Mitte mit Draht abbinden und die Plastikkugel damit füllen.

▸ Das Unterteil der Spandose mit den zwei übrigen Geldscheinen mittels Fotokleber umkleben, am oberen Rand die Scheine nach innen einschlagen.

▸ Die grüne Sisalschnur in 4 Stücken à 25 cm auf die Kugel kleben und dann gleichmäßig im Innern der Dose befestigen. Mit 60 cm Schnur eine Aufhängung anbringen.

▸ Die Spandose innen mit einem 3,5 cm breiten Wellpappestreifen, ebenso den Unterboden verkleiden. Die Geldscheine dabei nicht mit verkleben.

▸ Je 15 Ein-Pfennig-Stücke in Zellophan verpacken, mit 10 cm grüner Sisalschnur abbinden und mit einer Schleife als Gewicht an der Dose festbinden.

▸ Die braune Sisalschnur um den „Korbrand" knoten, eine Strickleiter knüpfen und an der Dose anbringen.

Litfaßsäule

▸ Den unteren Rand der Dose mit einem 2,5 cm breiten, den oberen Rand mit einem 2 cm breiten, grünen Wellpappestreifen bekleben. Anschließend unten einen 0,5 cm breiten, roten Wellpappestreifen darüber kleben.

▸ Die Kugel der Deckelspitze rot bemalen.

▸ Eine Deckelrosette nach Vorlage (siehe Seite 54) ausschneiden und aufkleben. Dabei darf der untere Rand nicht angeklebt werden, da dort später die Geldscheine untergeschoben werden.

▸ Die 7 Geldscheine nach Vorlage (siehe Seite 54) falten, unter die Deckelrosette schieben und gegebenenfalls mit Fotokleber fixieren.

▸ Die „Bekanntmachung" je nach Anlass auf ein 7 x 8 cm großes Stück Tonkarton schreiben, dann das goldene Klebemotiv aufsetzen und alles auf die Litfaßsäule kleben.

▸ Mit den übrigen Geldscheinen – je nach Geschmack ganz oder teilweise gefaltet – die Säule deckend mit Fotokleber umkleben.

Bekanntmachung!

Werner wird heute **60**

Shopping-Cash

Der Kleiderschrank ist zwar voll, aber eben doch nicht mit dem neuesten Schrei bestückt. Jetzt geht es ab in die City: Outfit kaufen. Mit dem nötigen Kleingeld!

MATERIAL:

Bar-Bügel
- Holzbügel
- Spielgeld
- Kleber, Basteldraht, Klebefilm
- Geschenkband
- 2 Geldscheine

Smoking-Fliege
- Geschenktüte mit Smoking-Motiv
- Geschenkband
- Basteldraht, Kleber
- 1 Geldschein

Hosen-Taschengeld
- flache Schachtel
- Geschenkpapier
- Puppenhose
- Heißklebepistole
- 1 Geldschein

Anleitung

Bar-Bügel
- Den Holzbügel vollflächig mit Spielgeld bekleben.
- Die Geldscheine im Zickzack falten, mittig mit Basteldraht zusammennehmen, auseinander fächern und die offenen Enden mit etwas Klebefilm schließen.
- Die entstandene Geldrosette mit Geschenkband am Bügel befestigen.

Smoking-Fliege
- Den Geldschein im Zickzack falten, mittig mit Basteldraht zusammennehmen und auseinander fächern.
- Den Schein mit dem Draht an einer Schleife befestigen und diese als Fliege auf die Smoking-Tüte kleben.

Hosen-Taschengeld
- Eine flache Schachtel mit passendem Geschenkpapier bekleben.
- Den Geldschein klein falten und auf der Rückseite mit etwas Klebefilm fixieren.
- Das „Taschengeld" mit einem Tropfen Kleber auf dem Klebefilm an der Hose befestigen.
- Die Hose in die Schachtel kleben.

ZWANZIG DEUTSCHE MARK
for
por él
per lei
for him
for him
pour lui
100

Sportliche Euros

Hier schlägt das Sport-Spaß-Herz höher, denn für die neuen Euros gibt es freie Auswahl. Ob große oder kleine Sportler: Jeder Zuschuss wird gern angenommen.

MATERIAL:

Skier
- Tonkarton in 2 Farben
- 2 Strohhalme
- Geschenkband
- Schere, Kleber, Klebefilm, Heißklebepistole, Basteldraht
- 2 Geldscheine

Tennisschläger
- Tonkarton
- Ringelband in verschiedenen Farben
- Kordel
- Cocktail-Quirler
- Kleber, Schere
- 1 Geldschein

Skateboard
- Tonkarton
- 4 Flaschen-Drehverschlüsse
- 2 Schaschlikstäbchen,
- Filzstift, rot
- dicke Nadel,
- Hammer, Nagel, Klebefilm, Kleber,
- 2 Geldscheine

Anleitung

Skier
- Die Skier und den Dekorstreifen entsprechend der Vorlage (Seite 55) zweimal auf den Tonkarton übertragen.
- Den Dekorstreifen mittig auf die Skier kleben.
- Die Strohhalme auf etwa 16 cm kürzen. Aus Geschenkband Griffe und Schlaufen anbringen.
- Die Geldscheine im Zickzack falten und mittig mit einem Basteldraht zusammennehmen.
- Den Schein jeweils auseinander fächern und die offenen Enden mit etwas Klebefilm schließen.
- Den Strohhalm jeweils durch die Geldrosette schieben. Die Skistöcke nun mit Heißkleber auf den Skiern anbringen.
- Nach dem Trocknen die Rosette nach unten schieben.

Tennisschläger
- Die Schlägervorlage (Seite 56) zweimal auf den Tonkarton übertragen und sauber ausschneiden.
- Den einen Schlägerteil mit Ringelband „bespannen". Dabei die Enden jeweils mit Klebefilm am Schlägerrand befestigen. Das zweite Schlägerteil deckend aufkleben.
- Den Griff des Tennisschlägers mit Ringelband umwickeln.
- Den im Zickzack gefalteten Geldschein und die Cocktail-Quirler mit einer Kordel am Schläger anbringen.

Skateboard
- Die zwei Skateboardteile entsprechend der Vorlage (Seite 57) aus dem Tonkarton ausschneiden.
- Die Geldscheine so falten, dass sie hinter dem offenen Teil sichtbar sind, und mit etwas Klebefilm fixieren.
- Das Oberteil so auf das Unterteil kleben, dass die Geldscheine nicht mit dem Kleber in Berührung kommen.
- Die Laschen nach unten biegen, mit einer Nadel Löcher vorstechen und dann die mit Filzstift angemalten Stäbchen durchschieben.
- Die Flaschenverschlüsse mit Hammer und Nagel vorlochen und als Räder auf das Stäbchen schieben.

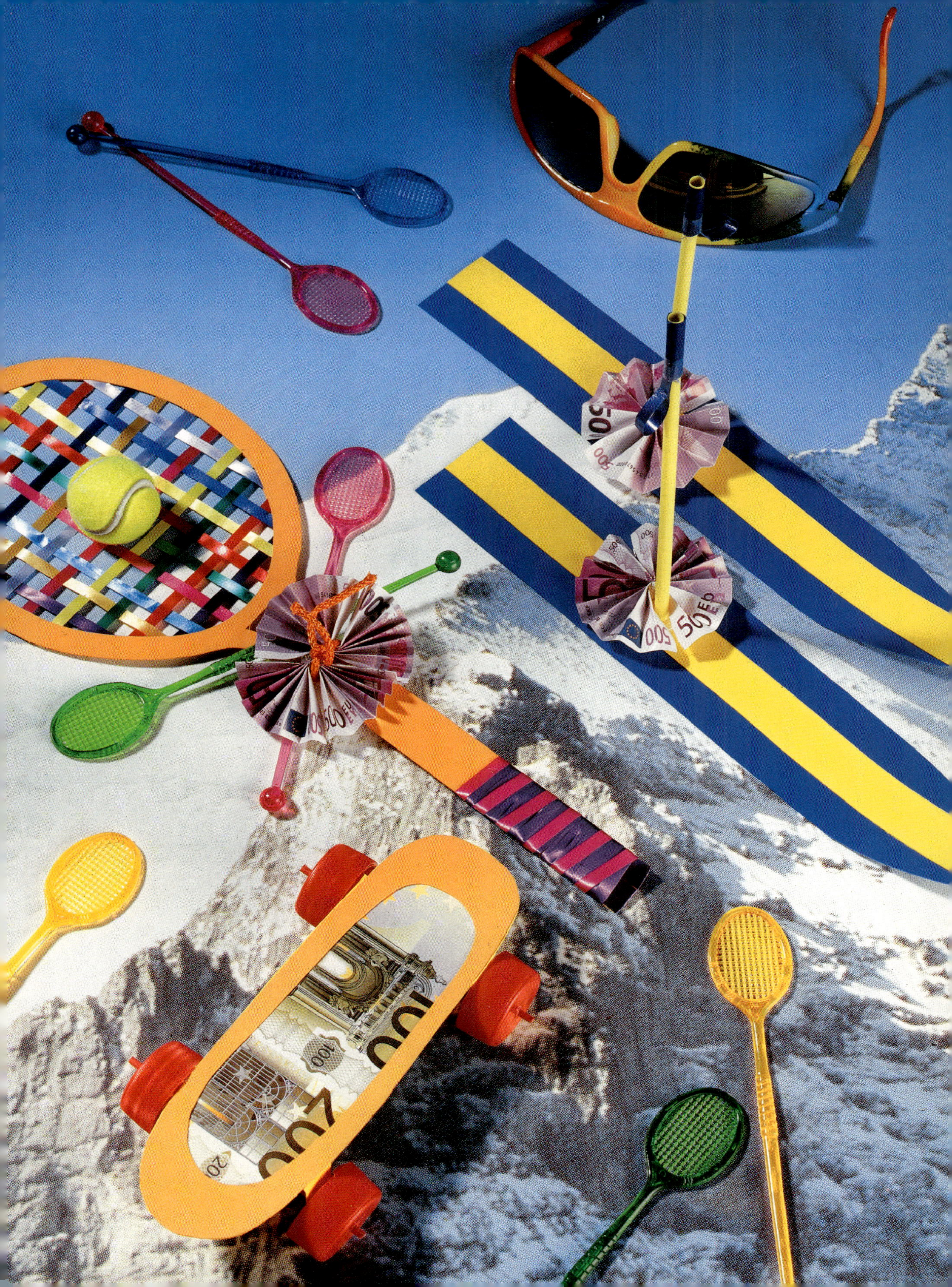

Hobby-Euros

Schaffe, schaffe, Häusle pflegen! Egal, wie man am liebsten die Freizeit verbringt, ein kleiner oder größerer Hobby-Zuschuss kommt immer gut an. Und so eindeutig verpackt, bedarf es auch keiner Worte.

MATERIAL:

Mechaniker/in
- Korken
- Spielzeug-Zange
- Geschenkband
- Klebefilm
- 1 Geldschein

Gärtner/in
- Miniatur-Obstkorb
- Textilblumen
- Ringelband
- Kleber
- 1 Geldschein

Kochen
- Holz-Pfannenheber
- Miniatur-Kochgeschirr
- Ringelband
- Geschenkband
- 1 Geldschein

Hausbau
- Miniatur-Schubkarre
- Legosteine
- Klebefilm
- Geschenkband
- 2 Geldscheine

Anleitung

Mechaniker/in
- Den Geldschein um einen Korken wickeln, mit etwas Klebefilm fixieren und in die Zange klemmen.
- Mit einer farblich passenden Schleife schmücken.

Gärtner/in
- Die Textilblumen arrangieren und mit Kleber im Korb platzieren.
- Den gerollten Schein mit Ringelband am Henkel befestigen.

Kochen
- Das Kochgeschirr auf den Pfannenheber kleben.
- Eine Schleife um den Stiel binden und daran mit Ringelband den gerollten Geldschein befestigen.

Hausbau
- Die Geldscheine längs falten, stramm um die Schubkarrengriffe wickeln und mit etwas Klebefilm fixieren.
- Die Schubkarre mit Legosteinen füllen und zum Schluss vorn mit einer Schleife dekorieren.

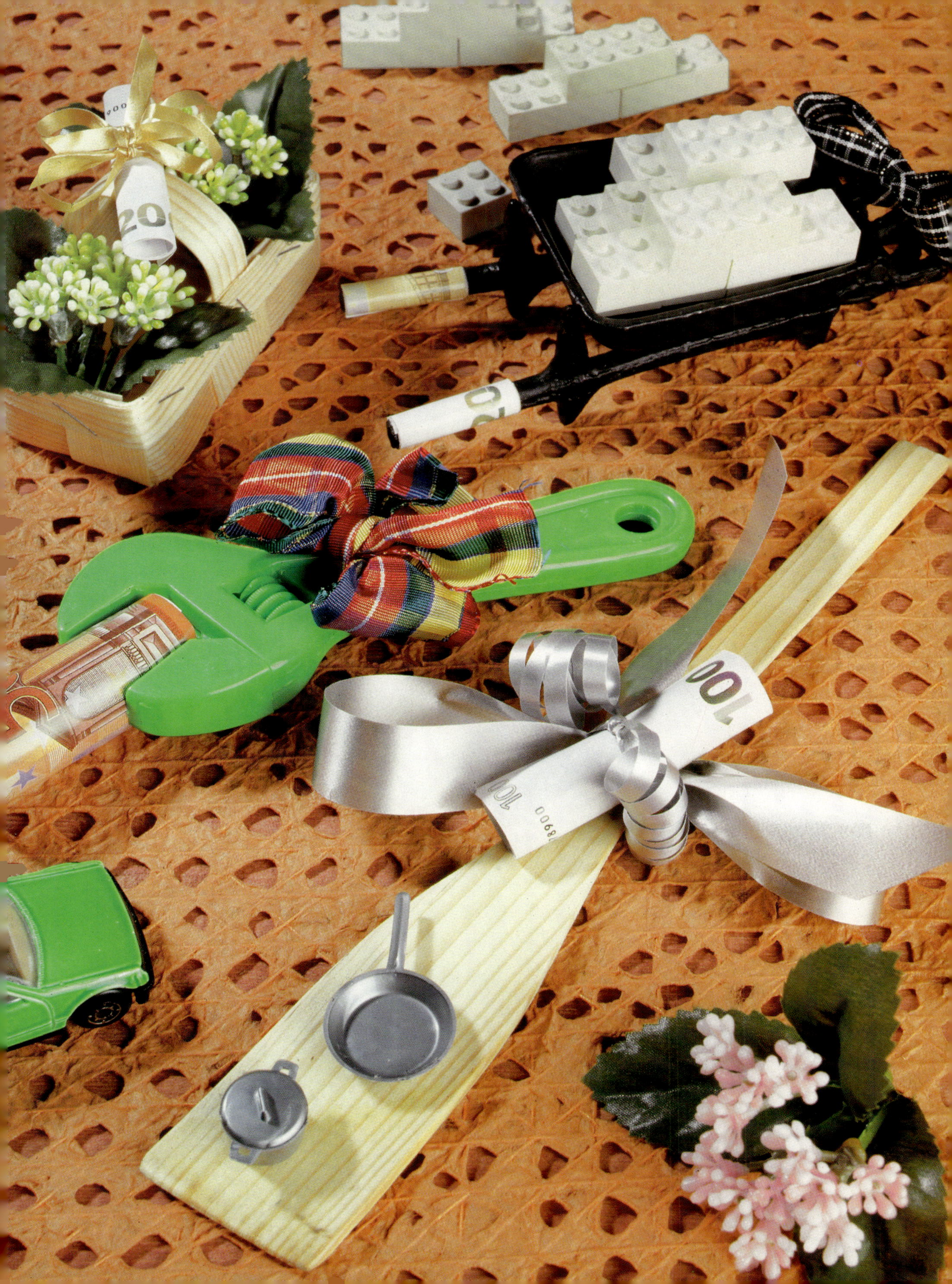

Sprüche klopfen!

Mäuse, Kies, Pulver, Moos – Geld hat viele Namen. Wer gerne um die Ecke denkt, der findet hier den richtigen Spruch für sein Geldgeschenk, natürlich passend verpackt.

MATERIAL:

Geld wie Heu!
- kleine Schatztruhe (Eisverpackung)
- Goldspray
- Heu
- Spruchband aus weißem Kartonstreifen
- Goldschnur
- Kleber, Klebefilm, Locher
- Geldscheine

Steinreich!
- kleine Schatztruhe (Eisverpackung)
- Goldspray
- Spruchband auf weißem Kartonstreifen
- Goldschnur
- kleine Steine
- Basteldraht, Klebefilm
- Geldscheine nach Wahl

Gut gepolstert!
- Miniatur-Stühle
- Schachteldeckel
- Goldspray
- Spruchband aus weißem Kartonstreifen
- Goldschnur
- Klebefilm, Heißklebepistole, Kleber, Locher
- Geldscheine

Anleitung

Geld wie Heu!
- Die Schatztruhe im Freien goldfarben ansprühen und gut trocknen lassen.
- Die Truhe mit Heu füllen, eventuell etwas festkleben.
- Die gerollten Geldscheine mit etwas Klebefilm fixieren und in das Heu stecken.
- Das Spruchband lochen und mit Goldschnur an der Truhe befestigen.

Steinreich!
- Die Geldscheine im Zickzack falten und mittig mit einem Basteldraht zusammennehmen.
- Die offenen Scheinenden mit etwas Klebefilm schließen.
- Die Truhe im Freien goldfarben ansprühen und gut trocknen lassen.
- Die Drahtenden am Truhenboden mit Klebefilm befestigen und die Truhe mit Steinen füllen.
- Das Spruchband lochen und mit Goldschnur an der Truhe befestigen.

Gut gepolstert!
- Den Schachteldeckel und die Stühle im Freien goldfarben ansprühen und gut trocknen lassen.
- Geldscheine in Größe der Sitzflächen falten und mit Klebefilm fixieren. Die Klebefilmstelle mit Kleber einstreichen und so die Scheine auf die Sitzflächen kleben.
- Den Schachteldeckel seitlich lochen und das gelochte Spruchband mit Goldschnur damit verbinden.
- Die Stühle mit Heißkleber auf dem Schachteldeckel anbringen.

Gut gepolstert!

Steinreich!

Geld wie Heu!

Viel Vergnügen!

Spaß verschenken? Ganz einfach! Mit derart verpackten Euros ist ganz klar: das wird ein toller Abend! Die Begleitung darf sich jeder selbst auswählen.

MATERIAL:

Kino
- Schachtel, ca. 9 x 9 x 10 cm
- Tonpapier, schwarz, grau, orange
- Schere, Kleber, Klebefilm
- 1 Geldschein

Guten Appetit!
- Fotokarton, schwarz
- Tonpapier, gemustert
- Puppenbesteck
- 1 Textilblatt
- Zirkel, Heißklebepistole, Kleber, Klebefilm
- 4 Geldscheine

Klavierkonzert
- Fotokarton, schwarz
- Papier, weiß
- Filzstift, schwarz
- Klebefilm, Kleber, Cutter, Lineal
- 1 Geldschein

Anleitung

Kino
- Den Deckel sowie ein Seitenteil der Schachtel ganz und die zwei gegenüber liegenden Seiten schräg abschneiden.
- Die Schachtel nun mit schwarzem Tonpapier überziehen. Vorher das Fenster für den Geldschein bestimmen und herausschneiden.
- Den Geldschein mit etwas Klebefilm dahinter fixieren.
- Die Stuhlreihen sechsmal nach Vorlage auf das graue, den Vorhang einmal auf das orangefarbene Papier übertragen und ausschneiden (Seite 58).
- Die Stuhlreihen jeweils doppelt gegeneinander kleben, dabei die unteren Klebelaschen freilassen und diese nach vorne und hinten klappen. Mit den Laschen die Reihen auf den Kinoboden kleben.
- Das Vorhangteil auf der Rückseite der Schachtel ankleben und nach vorne falzen.

Guten Appetit!
- Fotokarton auf ca. 18 x 25 cm als Platzset zuschneiden und mit einem Tellerrand (ca. 15 cm Innen-Durchmesser) sowie einem Dreieck (als Serviette) aus gemustertem Tonpapier bekleben.
- Die Besteckteile und das Textilblatt mit Heißkleber anbringen.
- Die Geldscheine eng zusammenrollen und mit Klebefilm fixieren. Die Klebefilmstellen je mit einem Tropfen Kleber versehen und die Scheine auf dem Teller platzieren.

Klavierkonzert
- Das Klavier und die Tastatur entsprechend den Vorlagen (Seite 59) auf den Tonkarton übertragen und mit einem Cutter ausschneiden.
- Den Geldschein falten und mit Klebefilm hinter dem Fenster platzieren.
- Beide Klavierteile falzen, mit den Klebelaschen verkleben und miteinander verbinden.
- Die Tastatur auf weißes Papier durchpausen, mit schwarzem Filzstift nachzeichnen, ausschneiden und aufkleben.

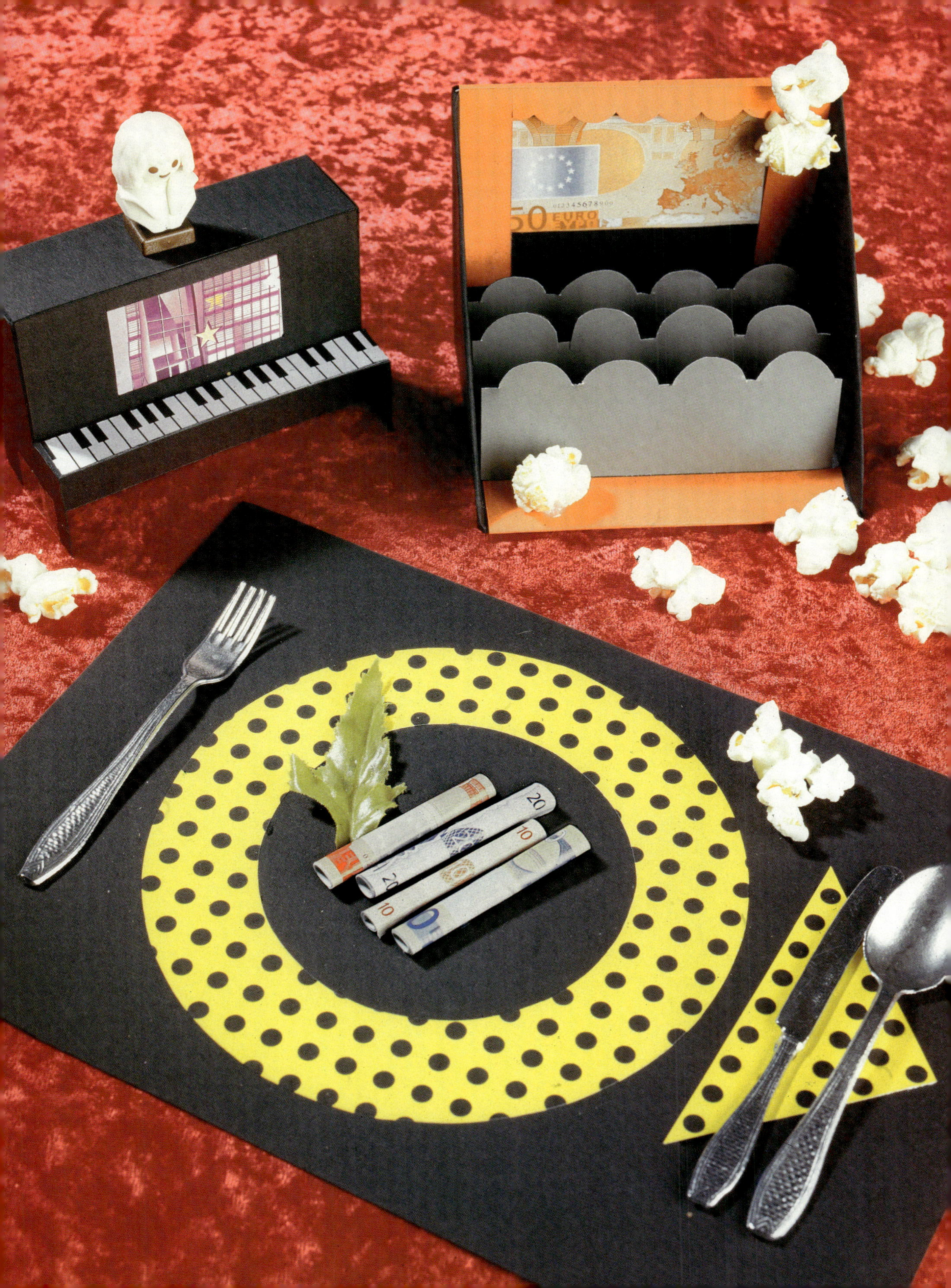
50 EURO

Hurra, geschafft!

Einschulung, Abschluss, Abitur – schulische Anlässe zum Schenken finden sich zur Genüge. Wenn es Geld sein soll, gibt es hier die passende Überreichungsform.

MATERIAL:

Schultüte
- Tonpapier, gemustert
- Krepppapier
- Holzblümchen
- Ringelband
- Geschenkband
- Zirkel, Kleber, Schere
- Klebefilm, Ringel- und Geschenkband
- Kleine Geschenke und Geldscheine als „Füllung"

Abschluss-Zeugnis
- selbst gestaltetes Zeugnis
- Tonpapier, gemustert
- Karton
- Schere, Cutter, Klebefilm, Kleber
- 6 Geldscheine

Anleitung

Schultüte

▶ Mit dem Zirkel auf das gemusterte Tonpapier einen Kreis (ca. 40 cm Durchmesser) ziehen, ausschneiden und halbieren.

▶ Ein etwa 25 x 70 cm großes Stück Krepppapier längs in drei gleiche Teile schneiden und rund um die runde Innenseite des Halbkreises kleben.

▶ Den Halbkreis zur Tüte drehen und die Naht mit Klebefilm schließen.

▶ Die Tüte füllen, das Krepppapier mit Ringelband zusammennehmen und einem aufgeklebten Blümchen schmücken.

▶ Den Papierrand mit Geschenkband bekleben.

Abschluss-Zeugnis

▶ Ein „originelles" Zeugnis entweder am Computer oder handschriftlich selbst gestalten.

▶ Für die Geldfenster kleine Quadrate einzeichnen und vorsichtig mit dem Cutter ausschneiden.

▶ Das Geld so falten, dass hinter den Fenstern „Zeugnisnoten" erscheinen. Die Scheine mit etwas Klebefilm fixieren.

▶ Das Zeugnis vorsichtig auf das Tonpapier kleben, sodass die Geldscheine nicht mit dem Kleber in Berührung kommen.

▶ Zur Verstärkung das Zeugnis am Rand auf ein passendes Kartonstück kleben.

Abschluss-Zeugnis
für
SABRINA
geboren am 1. Februar 1980

Humor	1
Schummeln	5
Outfit	2
Tratschen	2
Lächeln	2
Schwänzen	5

Köln, den 26. Juli 2000

_____
(Direktor/in)

_____
(Klassenleit...)

Ernteglück

Herbstzeit – Erntezeit. Dank tatkräftiger Hilfe gelang die Ernte. Und damit dies auch im nächsten Jahr der Fall ist, gibt es den notwendigen Grundstock für neue Geräte und Saatgut.

MATERIAL:

Vogelscheuche
- Wattekopf, bemalt, ø 45 mm
- Rundstab, 4 mm
- Bast, gelb
- Seegras, grün
- Jutestoff, rot, hellgrün, dunkelgrün, ocker
- 2 Jutekordeln, 1 x 1 m lang, 1 x 20 cm lang
- Holzrabe
- Blechkanne
- Bastelkleber, Fotokleber, Schere, Draht
- 7 Geldscheine

Kürbiskarte
- Wellpappe, grün, 24 x 32 cm
- Tonkarton, schwarz
- Tonpapier, gelb
- Moosgummi, orange, gelb
- Seegras, grün
- Bast, gelb
- 2 Wackelaugen, oval, 20 mm
- 2 Holzraupen, weiß
- Bastelkleber, Fotokleber, Schere, Motivschere
- 3 Geldscheine
- 2 größere und 3 kleine Münzen

Anleitung

Vogelscheuche

▶ Den Holzstab auf 50 und 20 cm zuschneiden und die Teile mit Draht zu einem Kreuz binden.
▶ Einen etwa 27 cm langen, mehrlagigen Baststrang mit Draht am Querstab festbinden.
▶ Zwei mehrlagige Baststränge 23 cm lang am Längsstab als Körper festbinden und unten zwei Beine formen.
▶ Aus dunkelgrünem Jutestoff zwei Stücke 15 x 15 cm schneiden und zu je einem Hosenbein zusammenkleben. Diese über die Beine ziehen und mit Draht am Körper festbinden. Aus braunem Jutestoff einen Flicken aufkleben.
▶ Aus rotem Jutestoff ein 34 x 19 cm großes Stück zuschneiden, über die Figur legen, dabei ein kurzes Stück Rundstab für den Kopf überstehen lassen.
▶ Um die Taille braune Jutekordel binden und mit hellgrünem Jutestoff eine Tasche aufkleben.
▶ Den Kopf aufsetzen und mit grünem Seegras Haare ankleben. Den Raben auf der Schulter ankleben.
▶ Einen Geldschein als Ziehharmonika falten und mit grüner Jutekordel als Halsschleife umbinden.
▶ Einen Geldschein nach Vorlage (Seite 60) zum Hut falten und mit zwei Stecknadeln fixieren.
▶ Zwei Geldscheine falten und in die Tasche stecken.
▶ Die Kanne mit dem Rest brauner Jutekordel an der Hand anbinden.
▶ Drei Geldscheine als Ziehharmonika falten und in die Kanne stecken.

Kürbiskarte

▶ Die Wellpappe zur Karte falten.
▶ Den schwarzen Tonkarton mit der Motivschere auf 20 x 28 cm ausschneiden, falten und auf die grüne Karte aufkleben.
▶ Den Kürbis aus orangefarbenem Moosgummi nach Vorlage (Seite 61) ausschneiden, ein Stück gelben Moosgummi als Mundhöhle hinterkleben, dabei die 3 kleineren Münzen als Zähne einkleben.
▶ Zwei Blätter aus den grünen Geldscheinen (Seite 60) und die Nase (Seite 61) aus dem anderen Geldschein nach Vorlage falten und mit Fotokleber anbringen.
▶ Die Wackelaugen mit Fotokleber auf die größeren Münzen kleben, das Ganze als Augen mit Fotokleber auf dem Kürbis befestigen. Die Raupen als Augenbrauen aufkleben.
▶ Das Gras und eine Bastschleife auf der Karte anbringen. Das gelbe Tonpapier als Einlegeblatt verwenden.

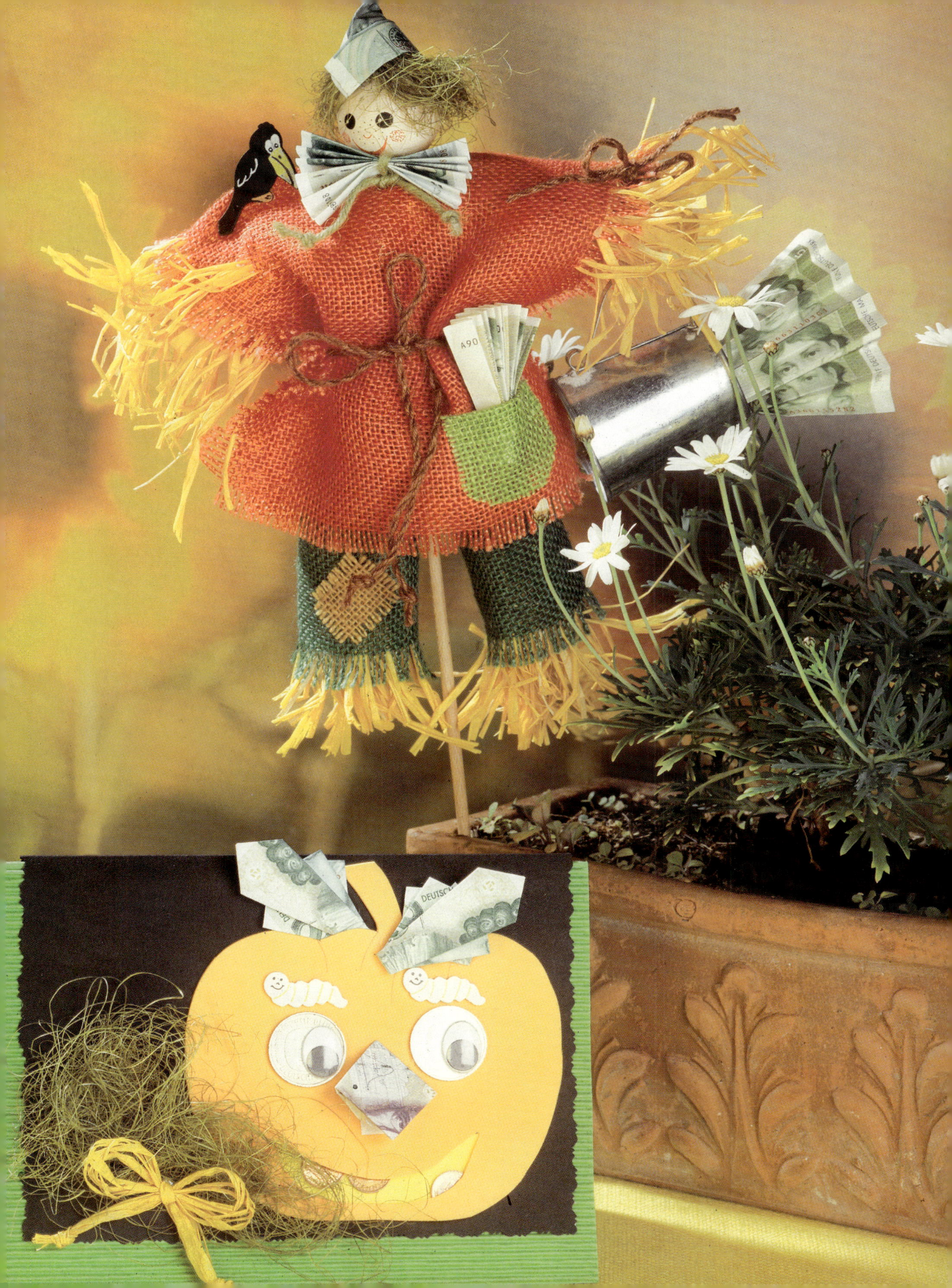

Süßes oder Bares?

Die spannendste Art und Weise, Weihnachtsgeld zu verschenken: als Adventskalender in hübsch verpackten Rate(n)-Päckchen. Hoffentlich reicht die Geduld bis zum letzten Tag!

MATERIAL:

Adventskalender
- Teller, ø ca. 28 cm
- goldene Weihnachtsgirlande
- 3 Bogen weihnachtlich gemusterter Tonkarton
- Goldschnur
- Tonpapier, gelb
- Cutter, Lineal, Kleber, Heißklebepistole
- Filzstift, schwarz
- verschiedene Münzen, Geldscheine und Süßes als „Füllung"

Engel
- Engelkopf mit Händen aus Porzellan
- Allesfarbe, gold
- Chenilledraht, weiß, 25 cm lang
- Styroporkegel, 8 cm
- Goldband, 60 mm breit, 25 cm lang
- Goldkordel, 35 cm lang
- Goldstern
- Engelsflügel, gold
- Bastelkleber, Klebefilm, Schere, Pinsel, Fotokleber, Heißklebepistole, Nadel und Faden
- 5 Geldscheine

Anleitung

Adventskalender

▸ Die Girlande mit Heißkleber in einer Spirale auf dem Teller festkleben (lässt sich später wieder entfernen).
▸ Die Schachtelvorlagen in den drei verschiedenen Größen nach Vorlage (Seiten 62/63) auf den Tonkarton übertragen, mit dem Cutter sauber ausschneiden und die Falzlinien zum besseren Knicken leicht anritzen.
▸ Die Schachteln mit den Klebelaschen verkleben, mit Geld oder Süßigkeiten füllen.
▸ Jedes Päckchen mit den Laschen verschließen und je eine Goldschnur herumbinden.
▸ Die Sterne 24 Mal auf das gelbe Tonpapier übertragen, mit dem Filzstift „von 1 bis 24" beschriften und die Schachteln damit bekleben.
▸ Die Schachteln dekorativ auf dem Teller anordnen.

Engel
(Foto Seite 41)

▸ Die Haare des Engelskopfes mit Goldfarbe bemalen.
▸ Den Kopf auf den Styroporkegel aufkleben, dabei die Spitze des Kegels etwas zuschneiden.
▸ Den Chenilledraht doppelt legen, zusammendrehen und am Engelkörper als Arme befestigen, die Hände ankleben.
▸ Drei Geldscheine mit Klebefilm aneinander kleben und zur Ziehharmonika falten.
▸ Mit Nadel und Faden den oberen Rand auffassen, zusammenziehen und an beiden Seiten an den Chenilledraht annähen.
▸ Für die Ärmel je einen Geldschein zur Hälfte falten, eine Seite 2 cm breit umlegen. Den gefalteten Schein über den Arm legen und ebenfalls am Chenilledraht festnähen. Die Ärmelhälften unten mit Fotokleber fixieren.
▸ Das Goldband um den Oberkörper legen und mit Heißkleber am Porzellan festkleben.
▸ 20 cm Goldkordel dem Engel als Gürtel umbinden.
▸ Den Stern vorn aufkleben.
▸ Aus der restlichen Kordel einen Kranz drehen und als Kopfschmuck aufsetzen.
▸ Die Flügel hinten ankleben.

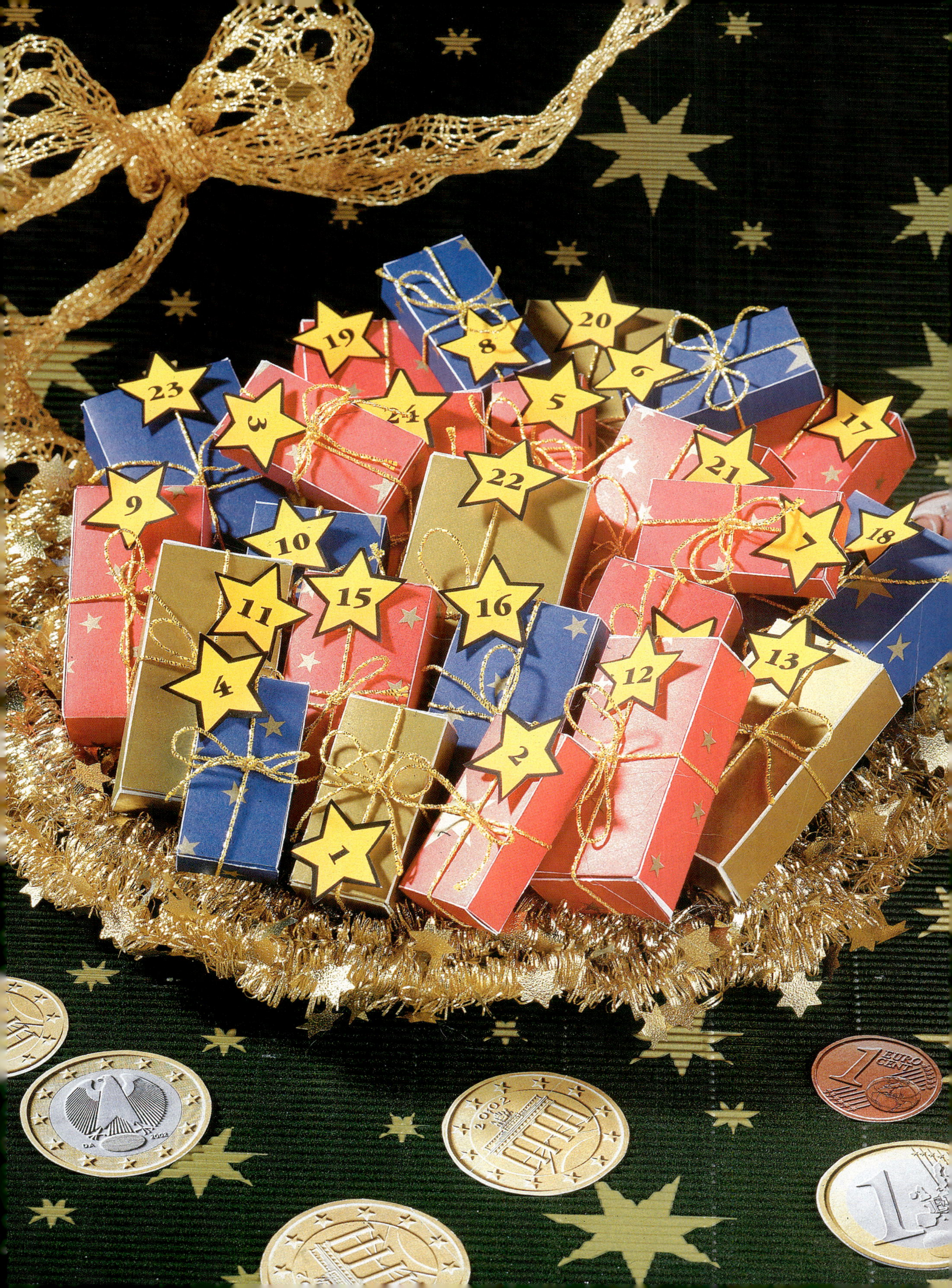
20
19
8
6
23
24
5
17
3
21
22
9
7
18
10
11
15
16
13
12
4
2
1

Weihnachtliche Boten

Durch den Winter kommen sie gestapft, im Gepäck das, was eigene Wünsche wahr werden lässt. Die Anleitung für den Engel finden Sie auf Seite 38.

MATERIAL:

Nikolaus
- Seilskelett, 21 cm
- Nikolauskopf mit Händen aus Porzellan
- Wattevlies, 15 x 20 cm
- Band, rot, 60 mm breit, 1,5 m lang
- Bordüre, weiß, 50 cm lang
- Kordel, schwarz, 50 cm lang
- Satinband, rot, grün, 3 mm breit, 30 cm lang
- Draht, Bastelkleber, Schere, Nadel, Faden
- 5 Geldscheine

Schlitten
- Holzschlitten, 14 cm lang
- Holzskier, 10 cm lang
- Steckmoos
- Satinband, rot, oliv, grün, je 3 mm breit, 50 cm lang
- Satinband, lila, 3 mm breit, 1,5 m lang
- Kordel, rot, 25 cm lang
- Strukturschnee
- Bastelkleber, Fotokleber, Schere
- 6 Geldscheine

Anleitung

Nikolaus

▶ Das Wattevlies mit Nadel und Faden an der breiteren Seite raffen, unter den Armen am Seilskelett festnähen und hinten zusammenkleben.

▶ Für jeden Ärmel je ein 17 cm langes Stück Band zweimal umschlagen und jeweils an der Längsseite zusammenkleben. Die Ärmel überziehen und festkleben.

▶ Zwei 35 cm lange Bandstücke über jede Schulter legen. Hinten sowie an den Seiten zusammenkleben.

▶ Vorn ein etwa 17 cm langes Bandstück einkleben.

▶ Vorn und um den Hals die weiße Bordüre aufsetzen.

▶ Zwei 12 cm lange Bandstücke zur Nikolausmütze zusammenkleben. An einer Seite nach innen schlagen und mit der Bordüre als Mützenrand umkleben.

▶ Das andere Ende der Mütze mit Draht zusammenbinden, um dieses Ende den Rest der Bordüre als Bommel befestigen.

▶ Die Mütze aufsetzen und festkleben.

▶ Die schwarze Kordel als Gürtel um den Bauch binden.

▶ Zwei braune Geldscheine mit Klebefilm als Sack zusammenkleben und oben mit dem grünen Satinband an einer Hand festbinden.

▶ Die anderen Geldscheine der Länge nach schmal falten. Ungefähr in der Mitte knicken und mit Draht unten zusammenbinden. Diese als Rute mit dem roten Satinband an der anderen Hand festbinden.

Schlitten

▶ Den Schlitten an den Oberseiten mit Strukturschnee bemalen.

▶ Aus dem Steckmoos 6 kleine Päckchen schneiden.

▶ Die Päckchen mit den Geldscheinen und mit dem Satinband einpacken.

▶ Päckchen und Skier auf dem Schlitten dekorieren. Die Päckchen mit Fotokleber und die Skier mit Bastelkleber befestigen.

▶ Kordel als Zugschnur am Schlitten anbinden.

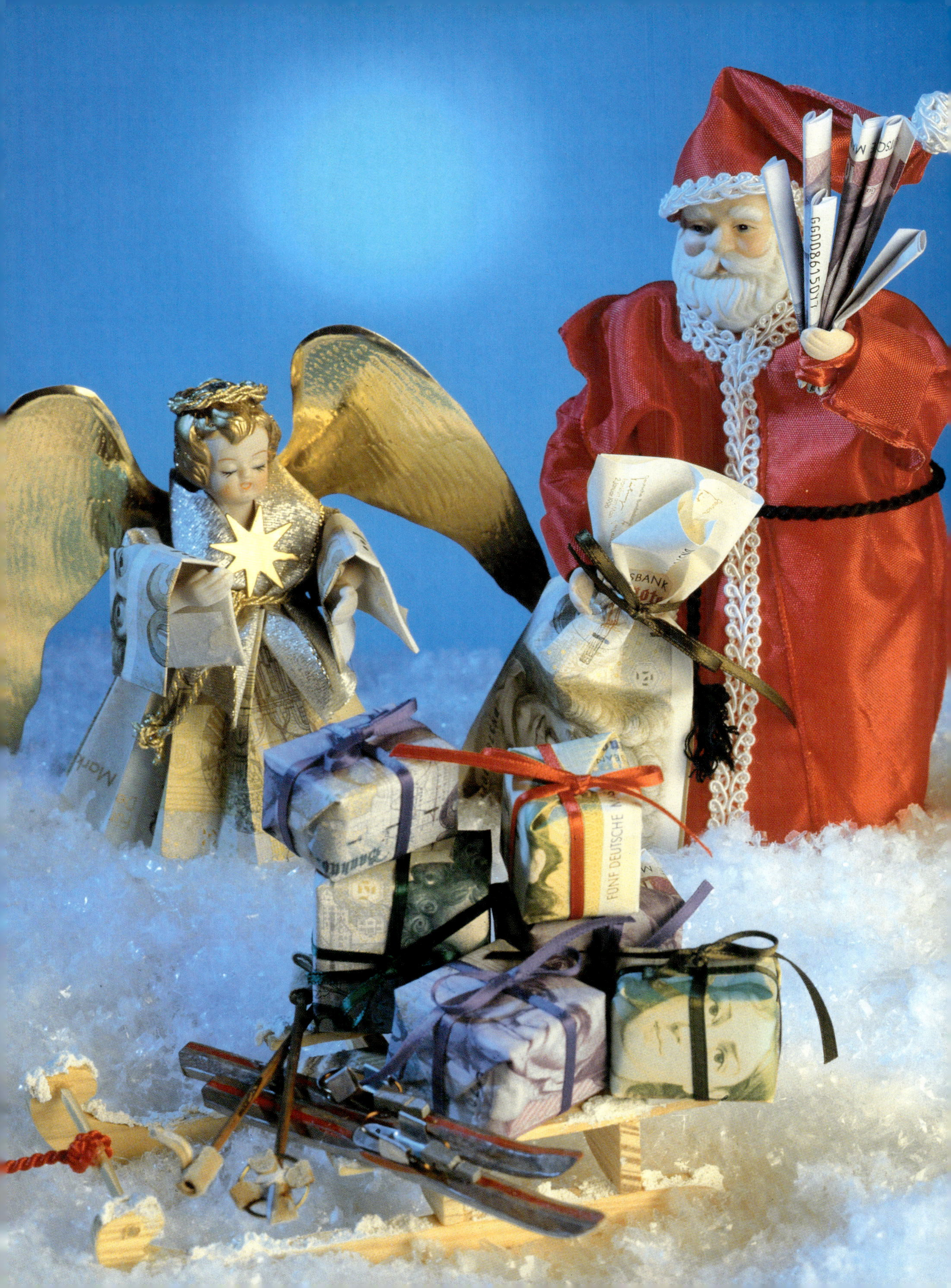
FÜNF DEUTSCHE

Motivvorlagen

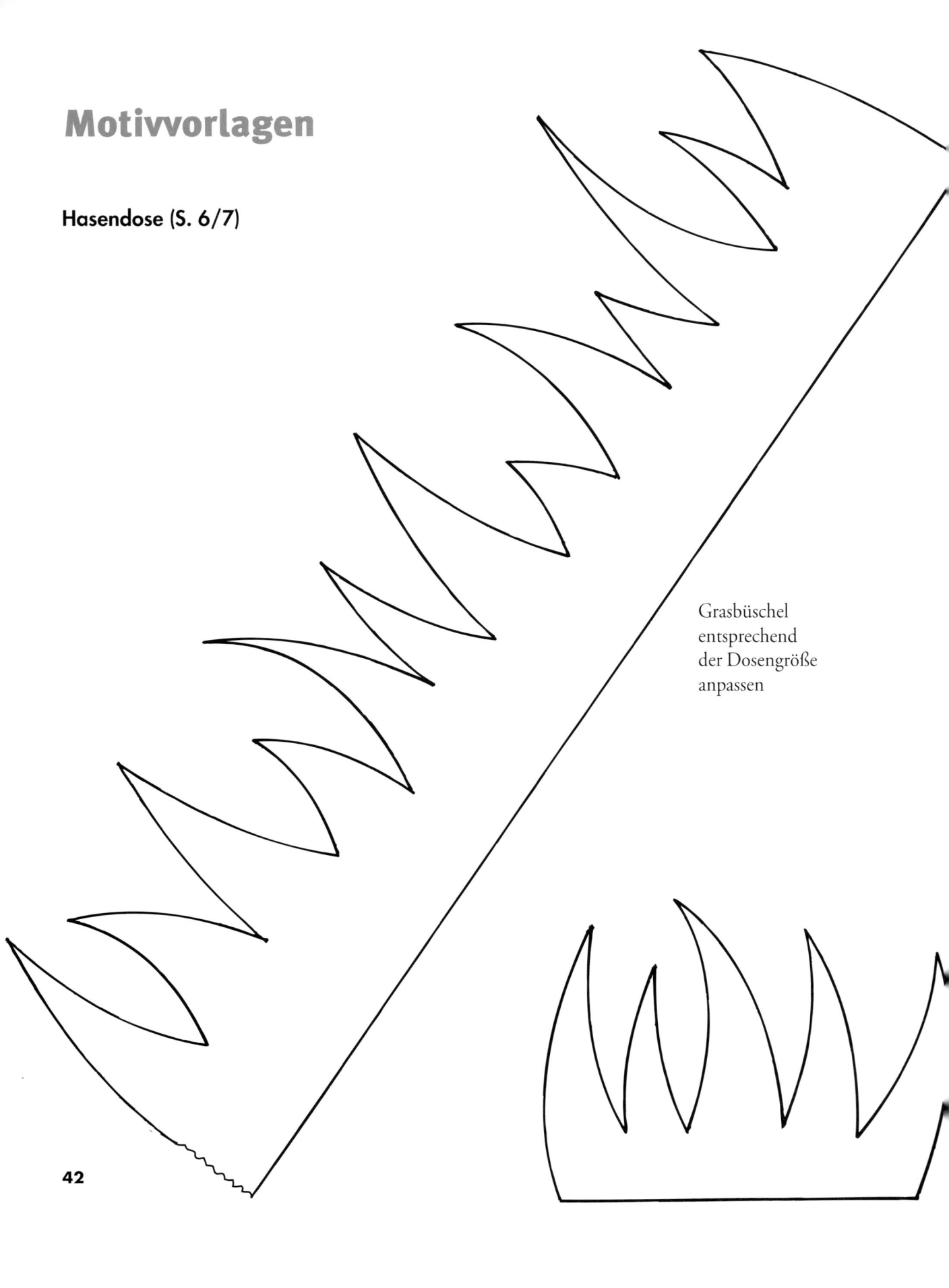

Hasendose (S. 6/7)

Grasbüschel entsprechend der Dosengröße anpassen

42

Hasendose (S. 6/7)

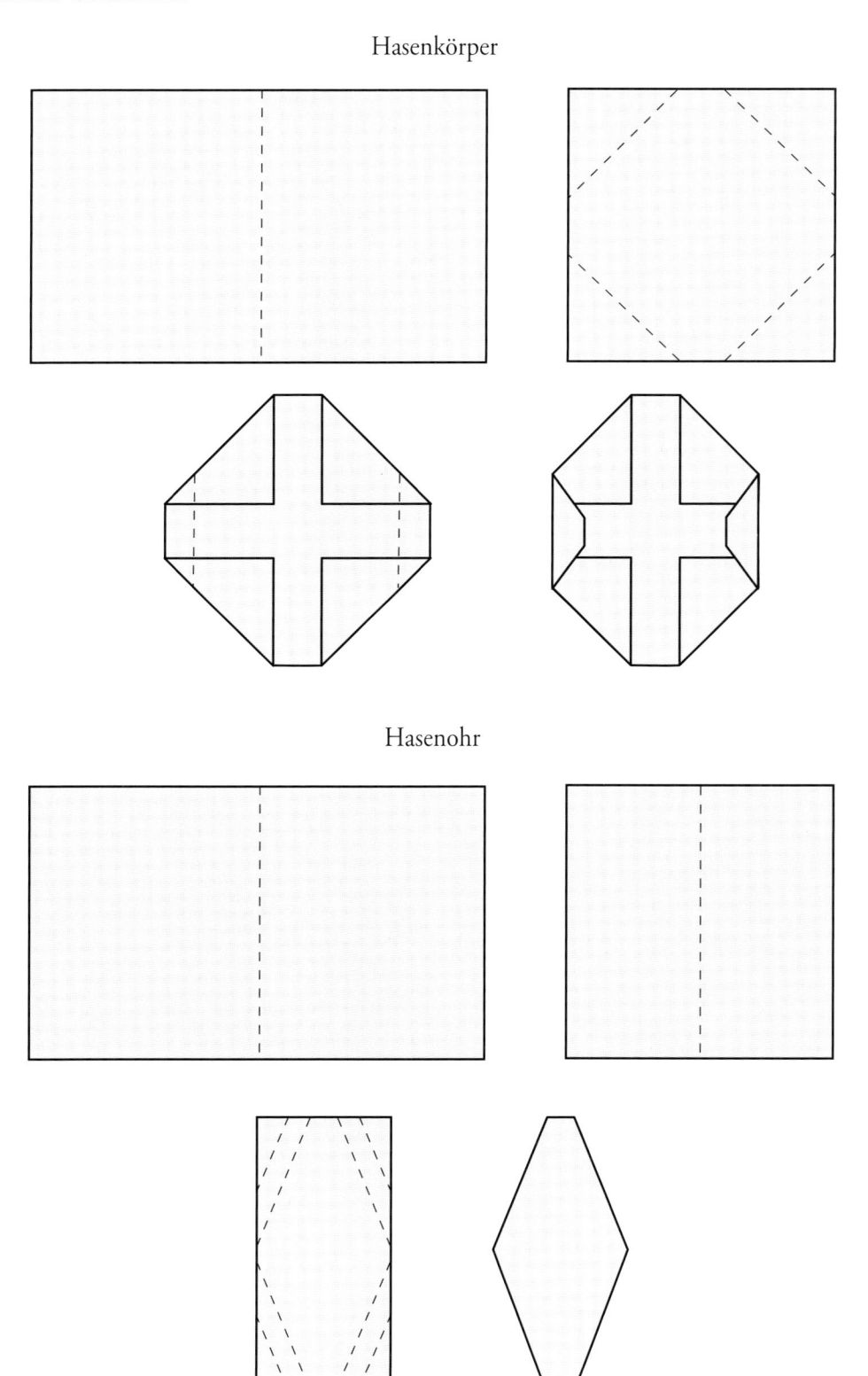

Falttechnik der Geldscheine

Hasenkörper

Hasenohr

Osterkarte (S. 8/9)

44

Ostergesteck (S. 8/9)

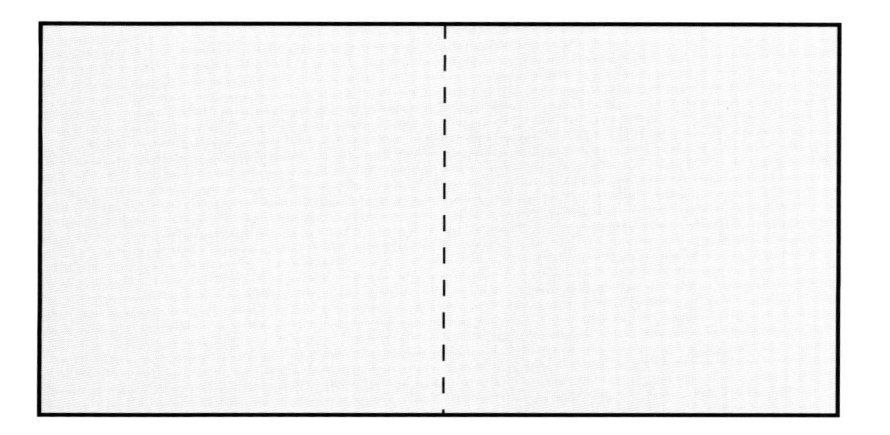

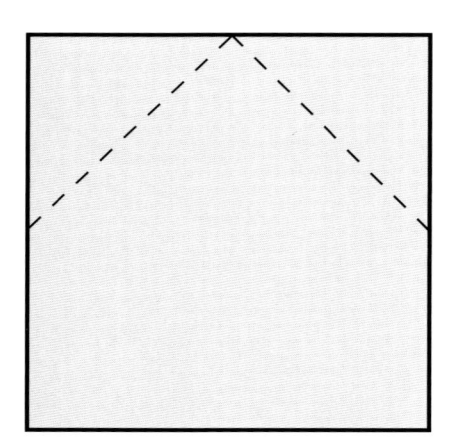

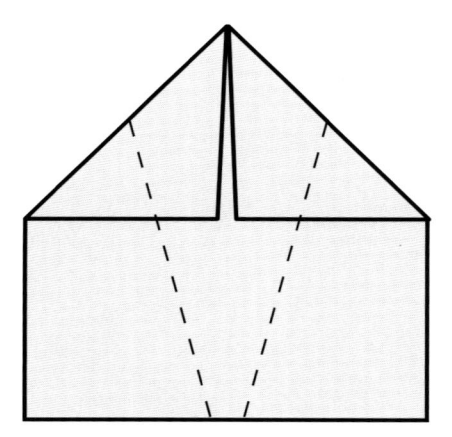

Falttechnik der Geldscheine

Clownkarte und Luftballonkarte (S. 10/11)

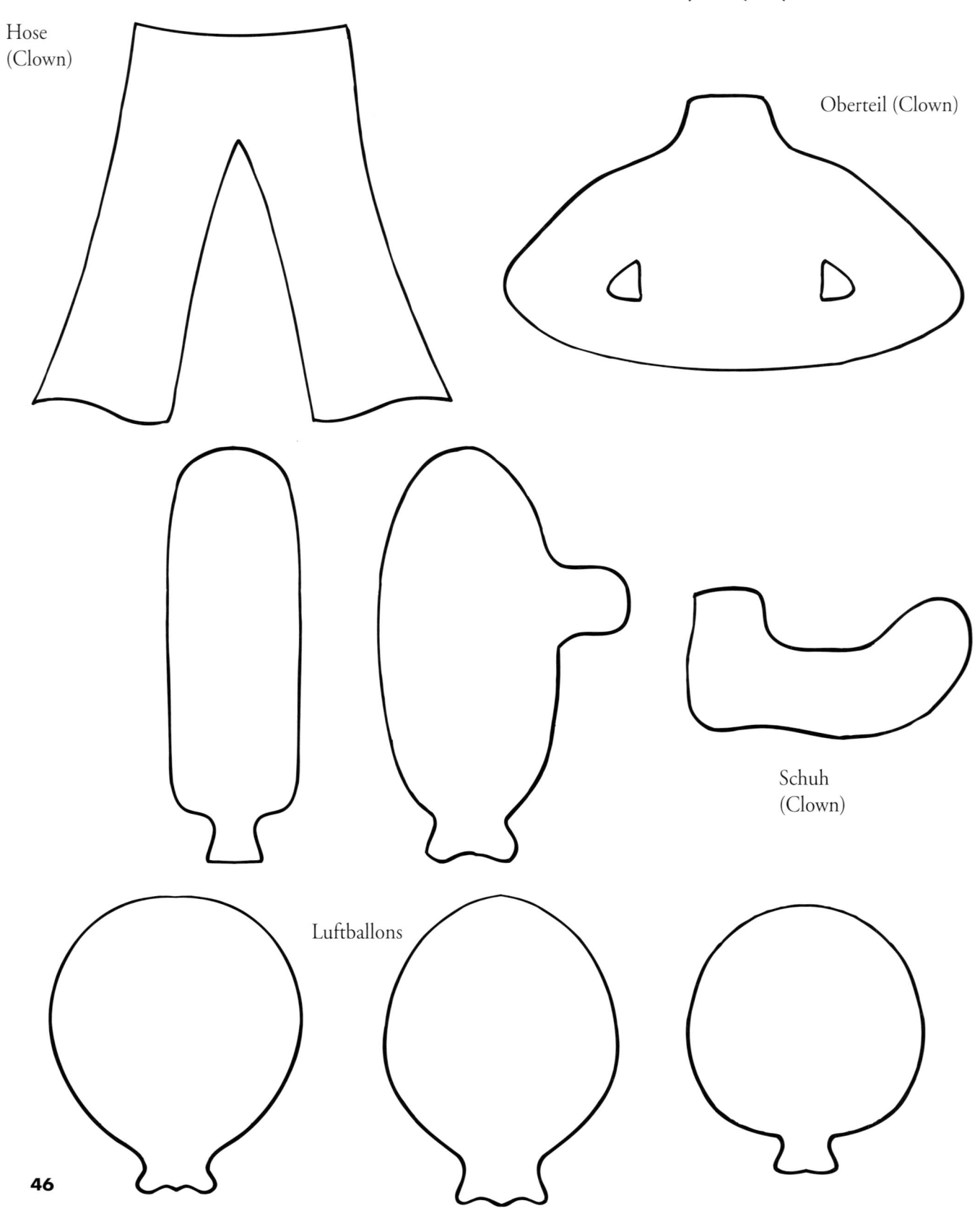

Hose (Clown)

Oberteil (Clown)

Schuh (Clown)

Luftballons

46

Raupenkarte (S.10/11)

47

Lausbuben-/Mädchenkarte (S. 12/13)

Falttechnik der Geldscheine

Bluse für das Mädchen

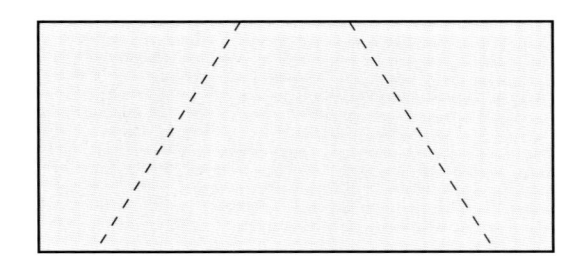

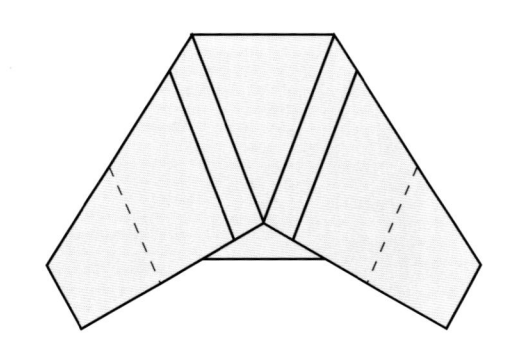

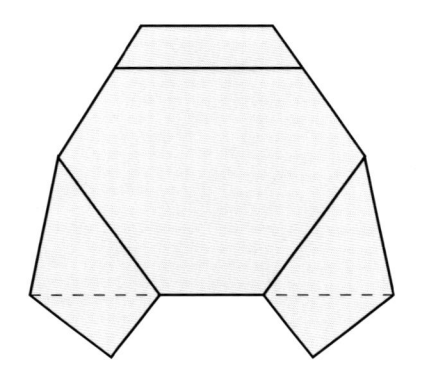

Hemd für den Jungen

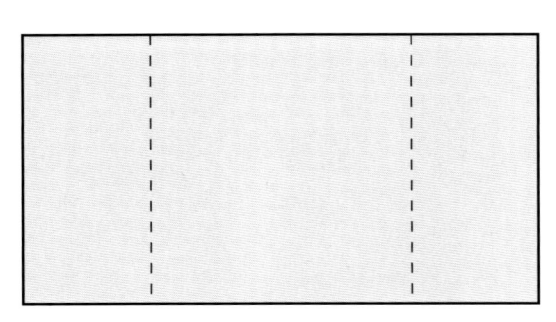

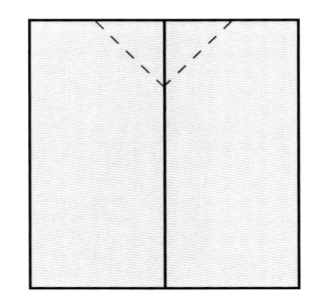

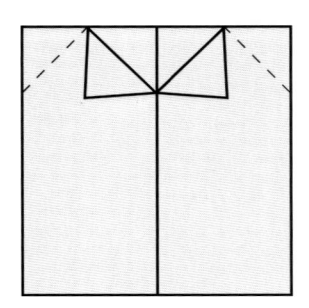

Froschkonzert (S. 14/15)

großer Frosch (Bräutigam)

Mund

Bauch

kleiner Frosch (Braut)

Bauch

Mund

Froschkonzert (S. 14/15)

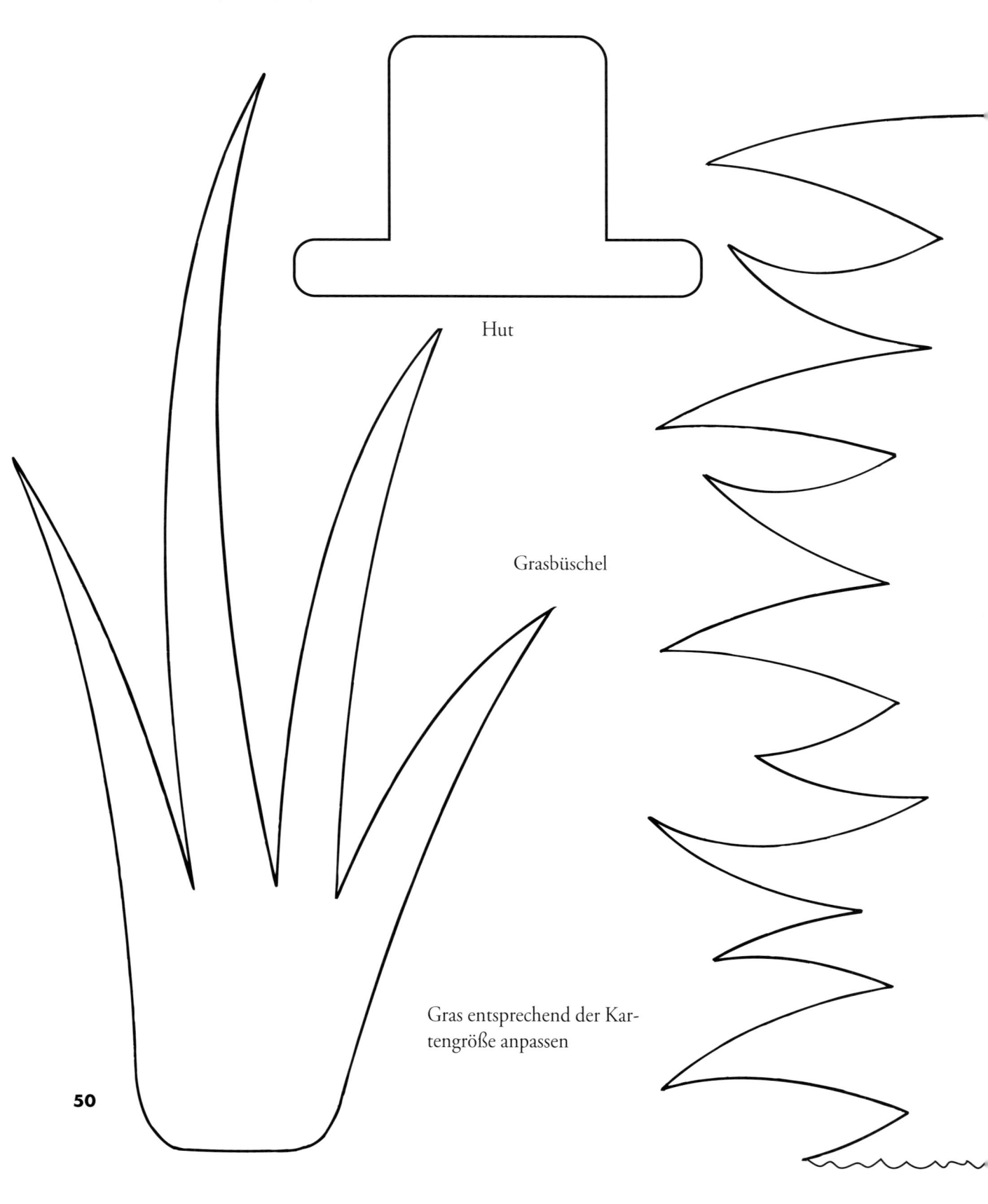

Hut

Grasbüschel

Gras entsprechend der Kartengröße anpassen

50

Froschkonzert (S. 14/15)

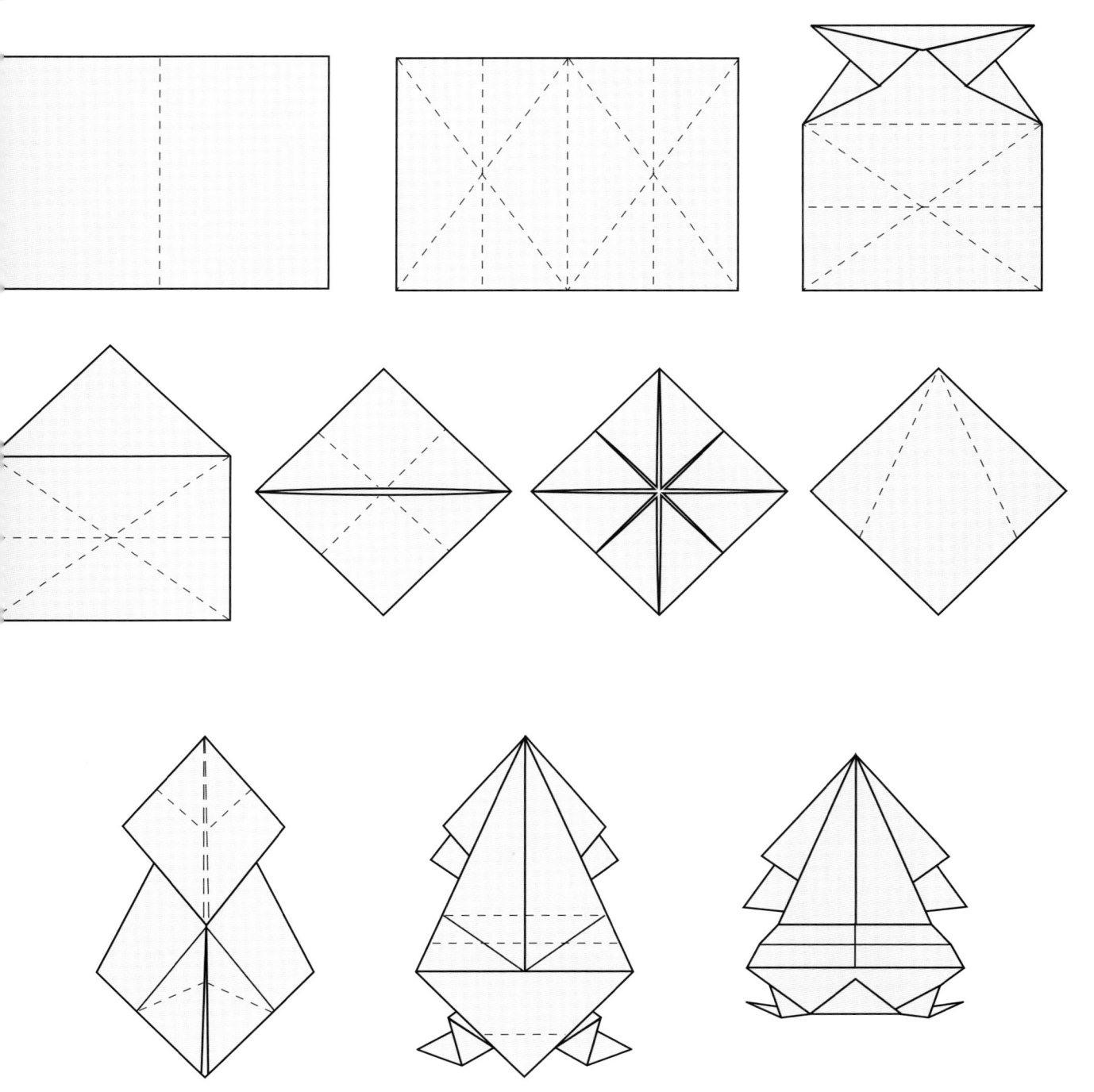

Falttechnik der Geldscheine

Karte zur Geburt (S. 18/19)

Wohnzimmer (S. 20/21)

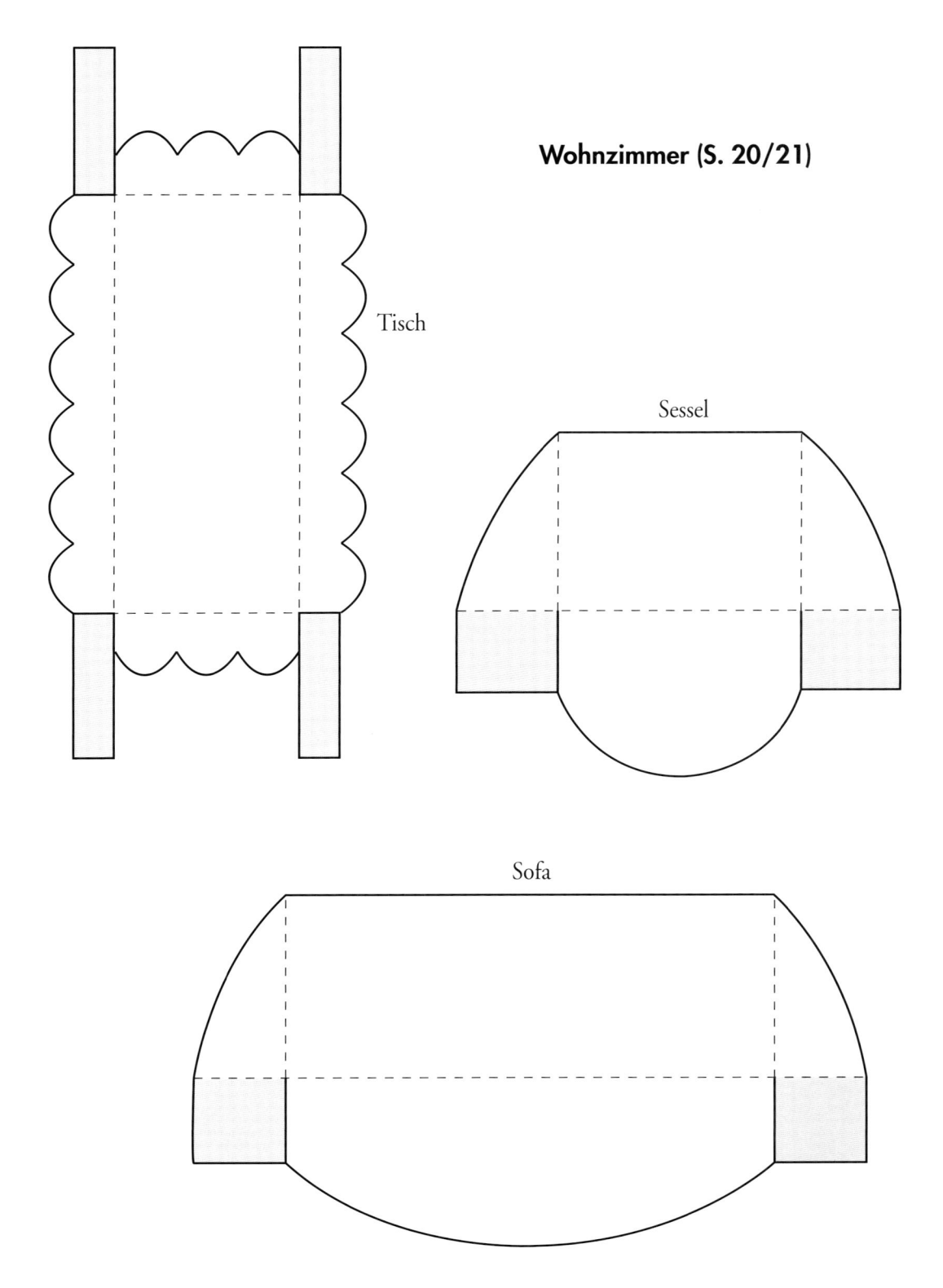

Tisch

Sessel

Sofa

53

Litfaßsäule (S. 22/23)

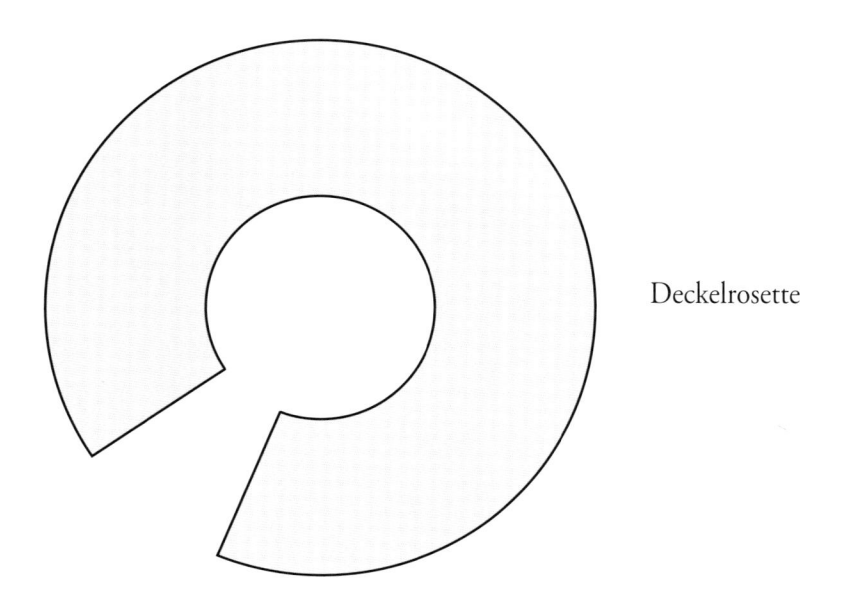

Deckelrosette

Falttechnik der Geldscheine für das Dach

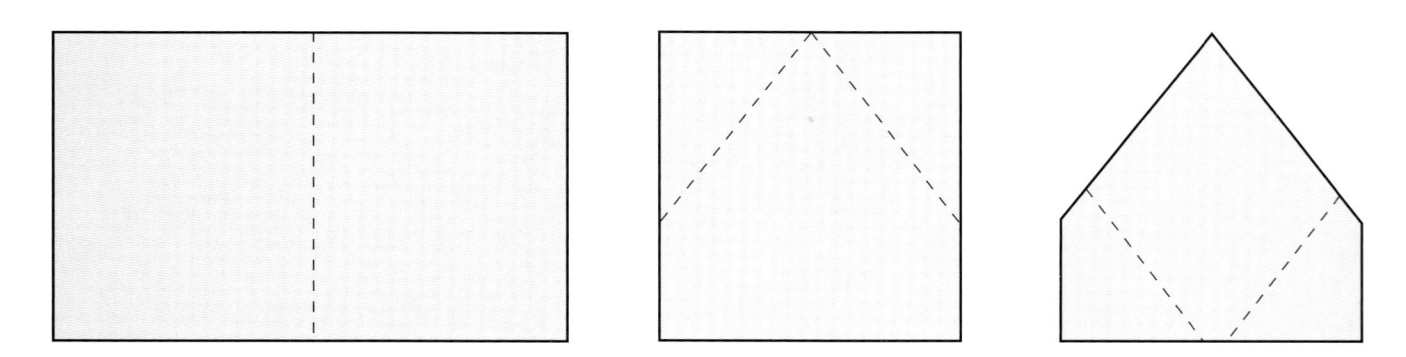

Skier (S. 26/27)

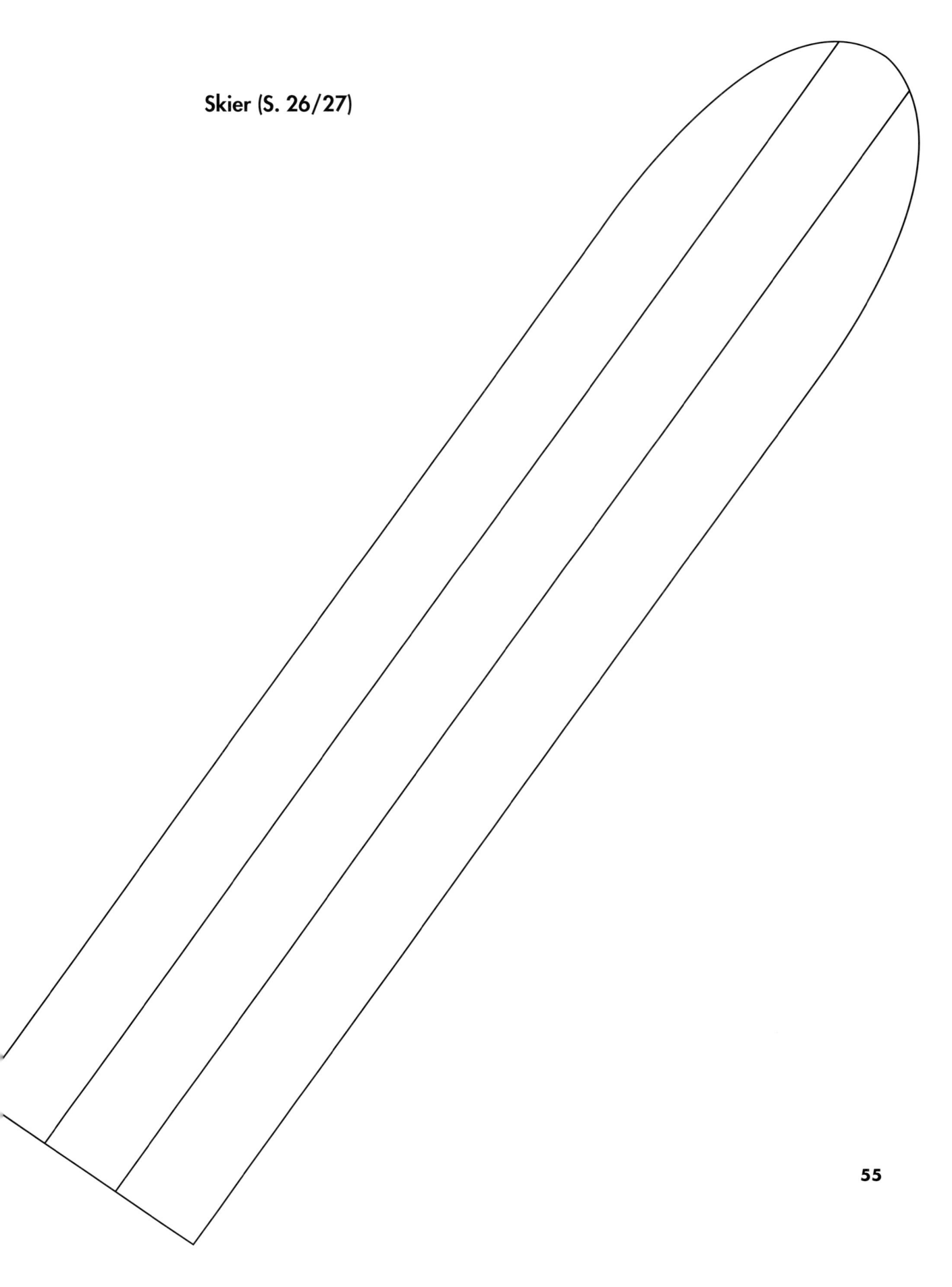

Tennisschläger (S. 26/27)

Achtung: Abbildungsgröße 50 %,
Vorlage entsprechend vergrößern.

Skateboard (S. 26/27)

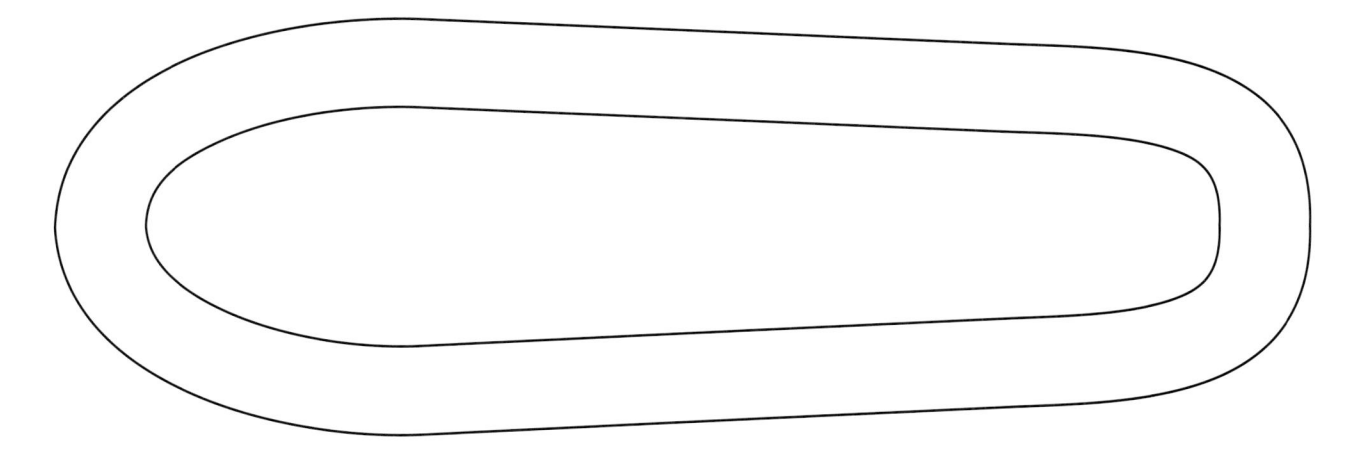

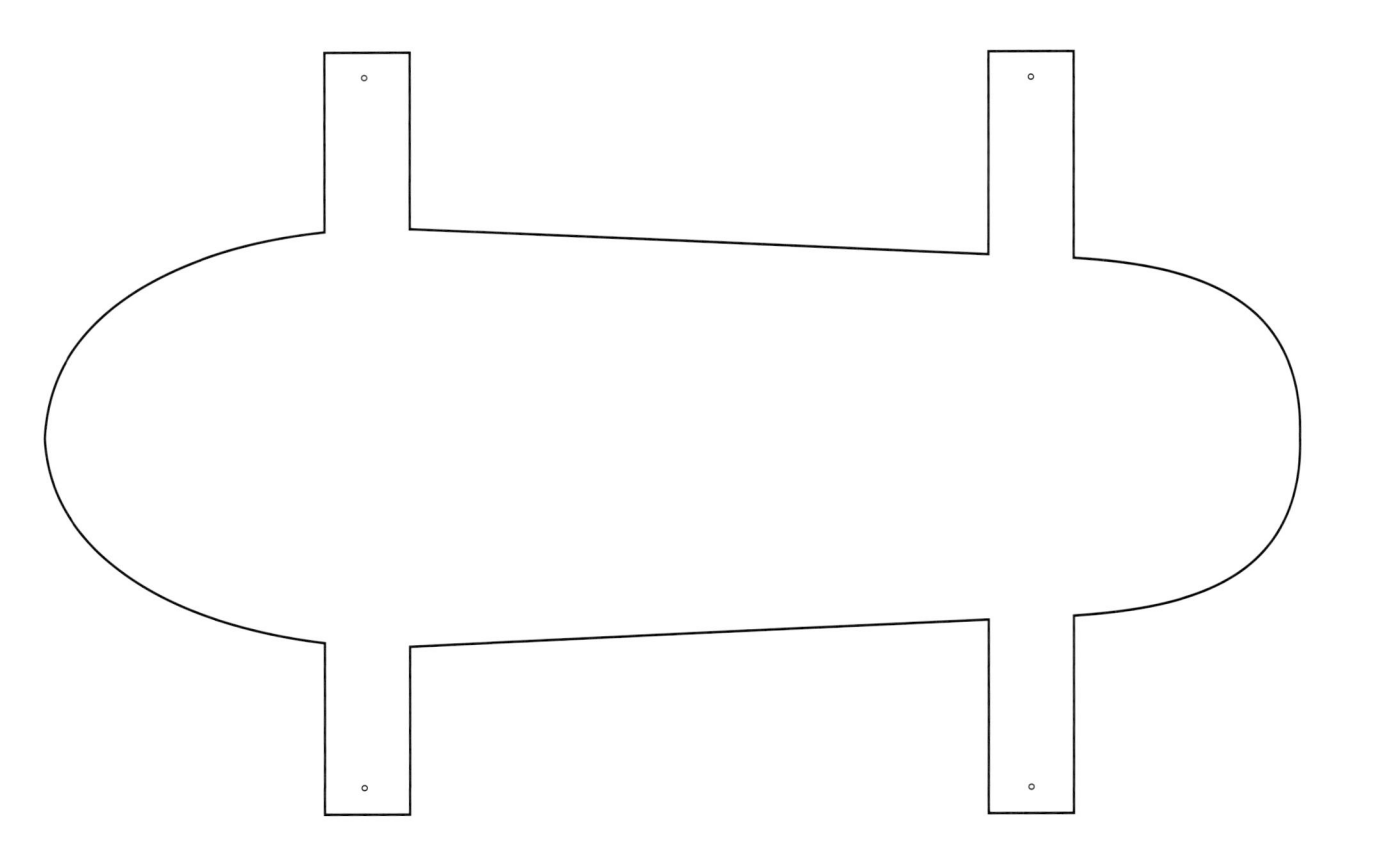

Kino (S. 32/33)

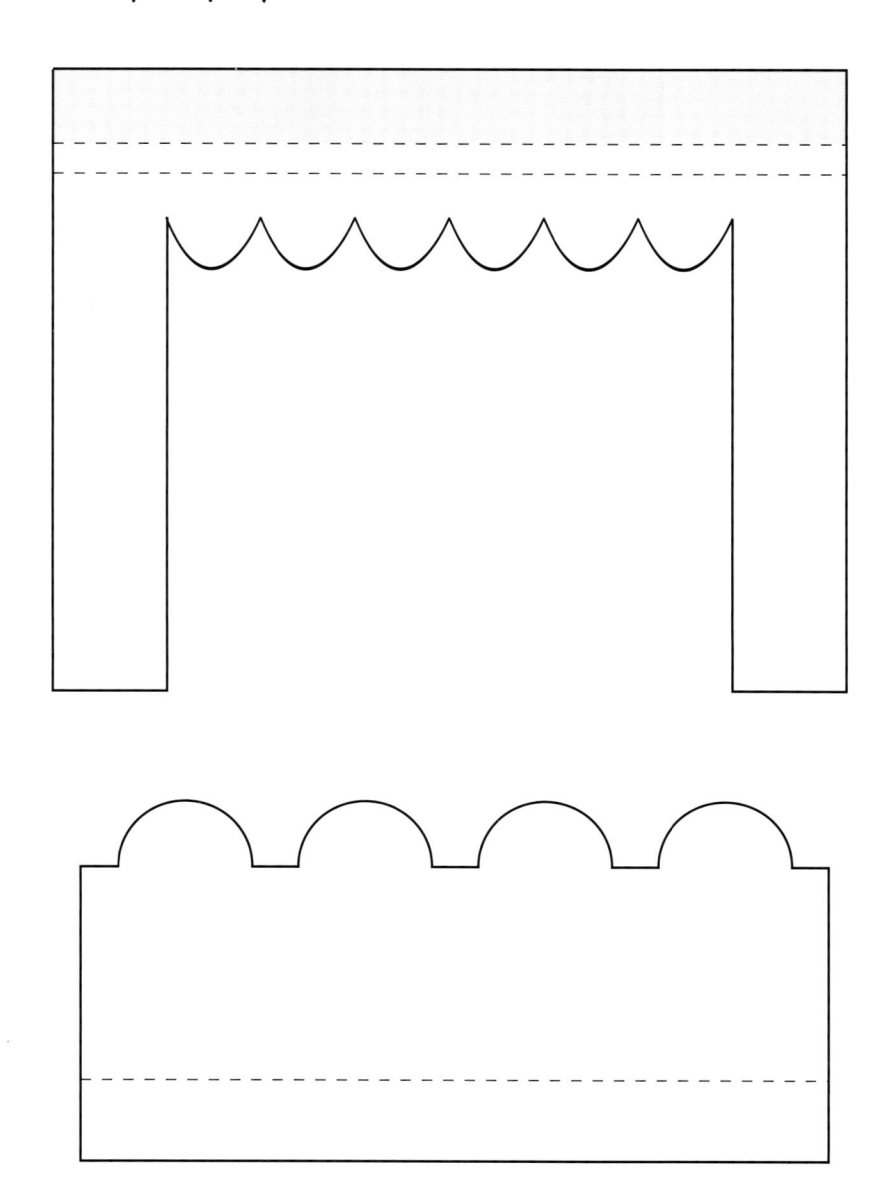

Klavierkonzert (S. 32/33)

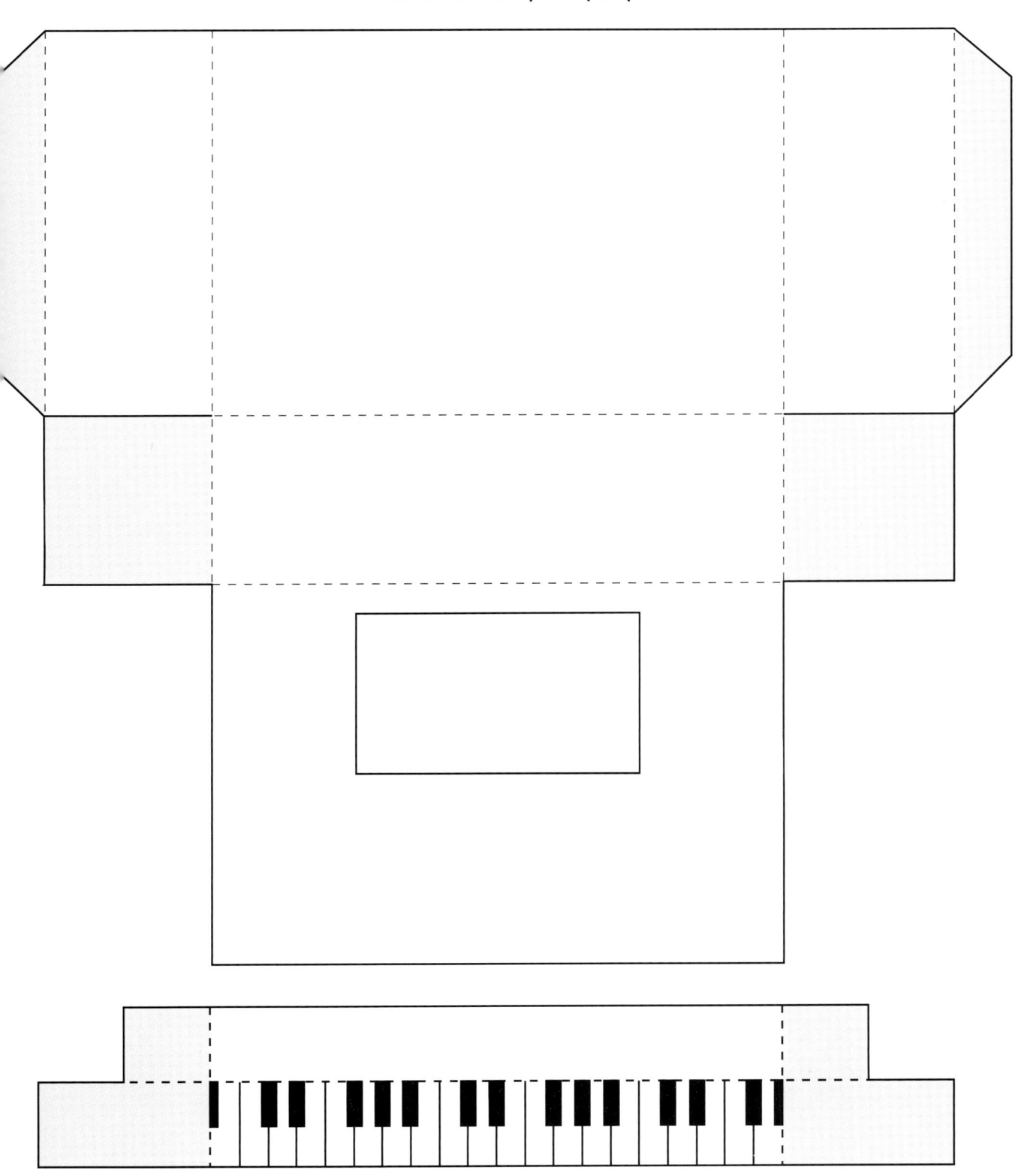

59

Vogelscheuche und Kürbiskarte (S. 36/37)

Falttechnik der Geldscheine

Hut für die Vogelscheuche

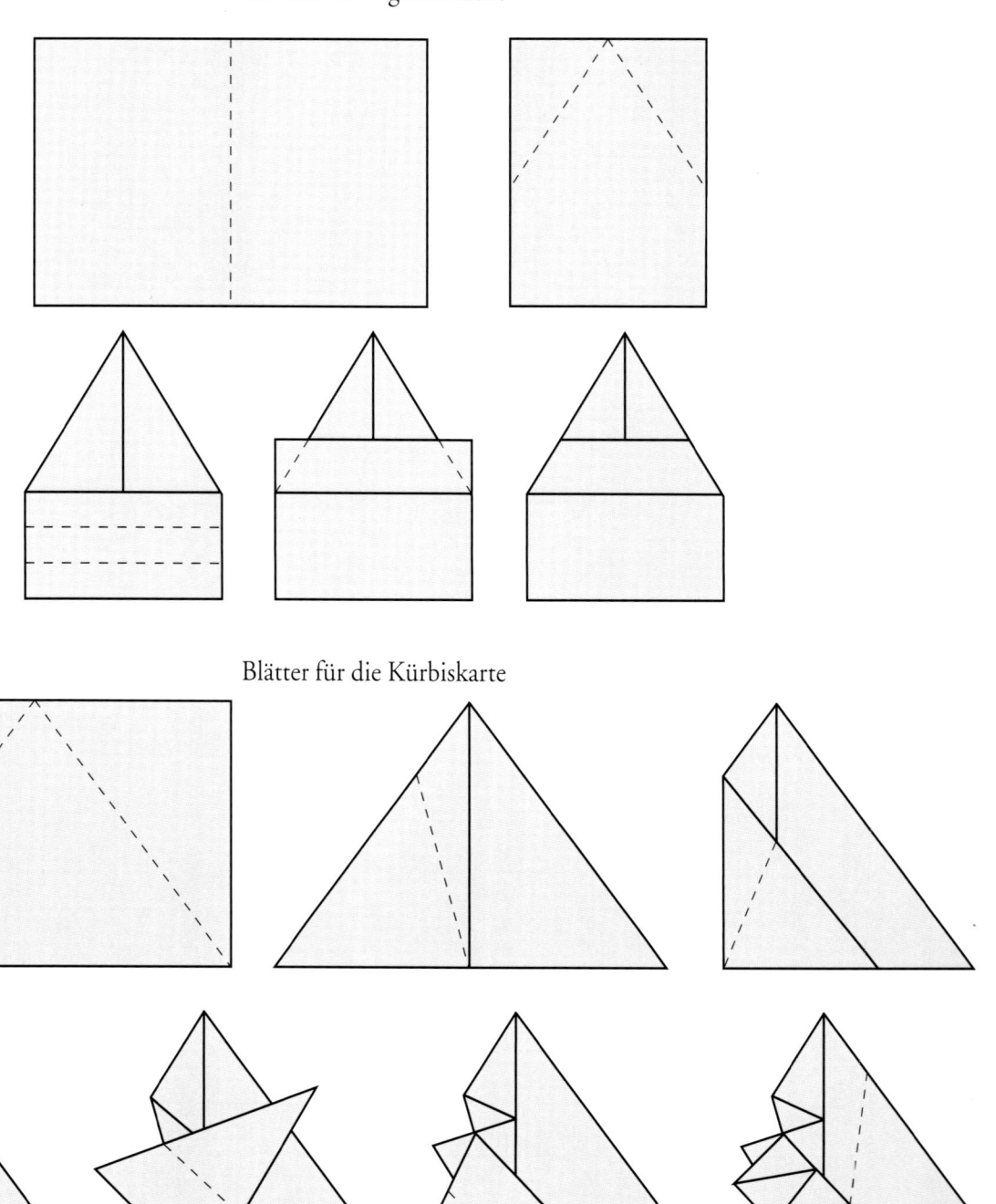

Blätter für die Kürbiskarte

Kürbiskarte (S. 36/37)

Falttechnik der Geldscheine

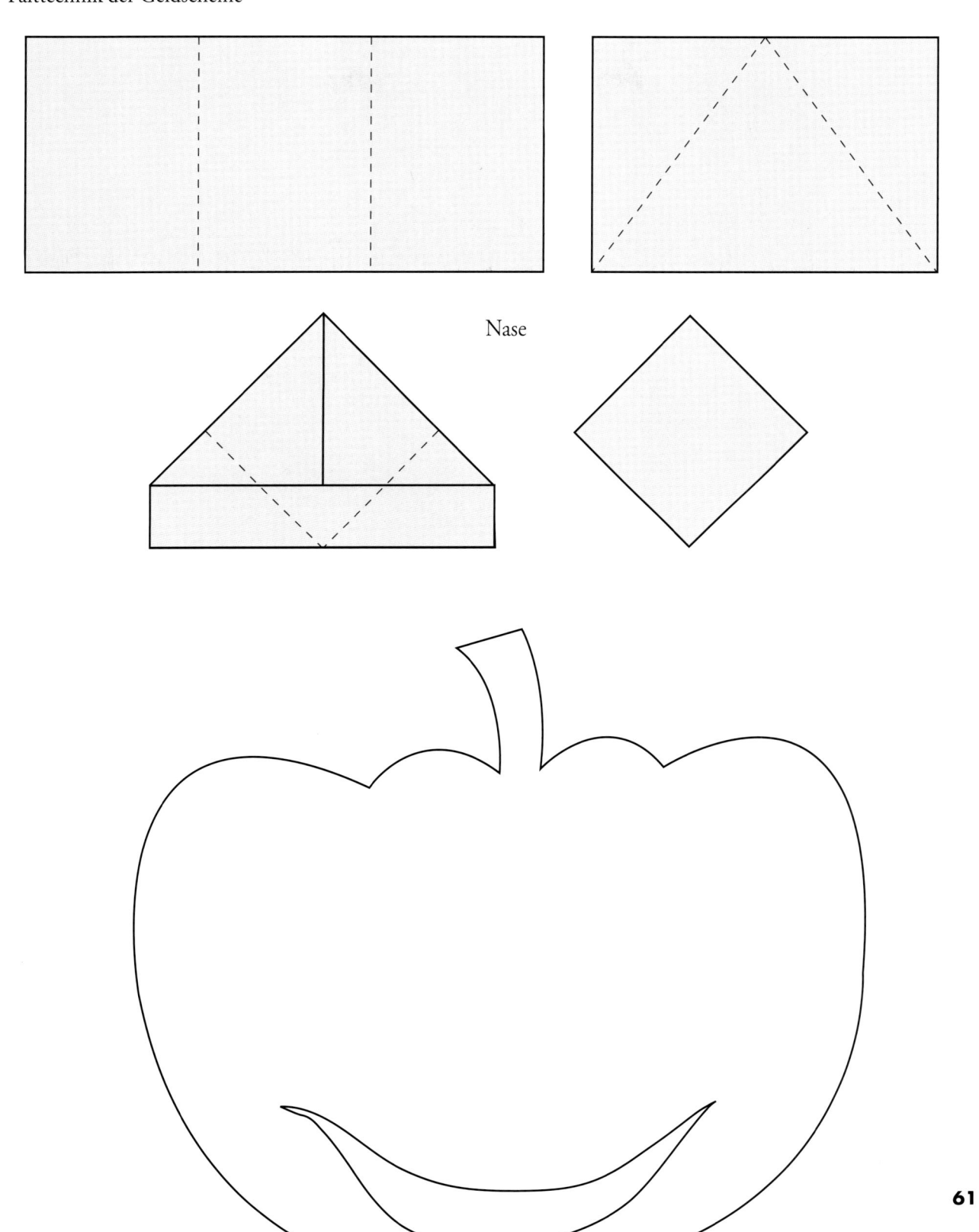

Nase

Adventskalender (S. 38/39)

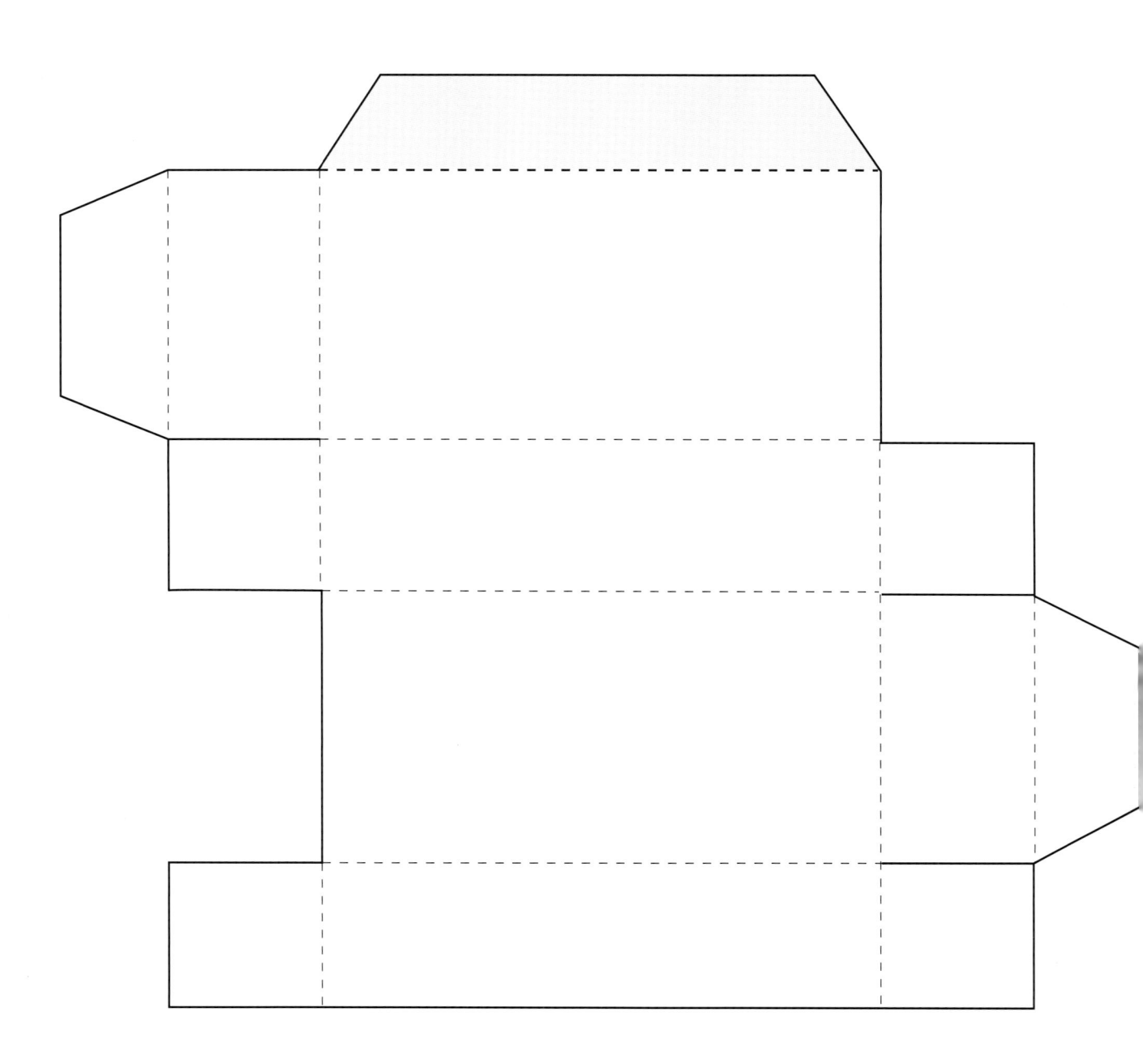

Adventskalender (S. 38/39)

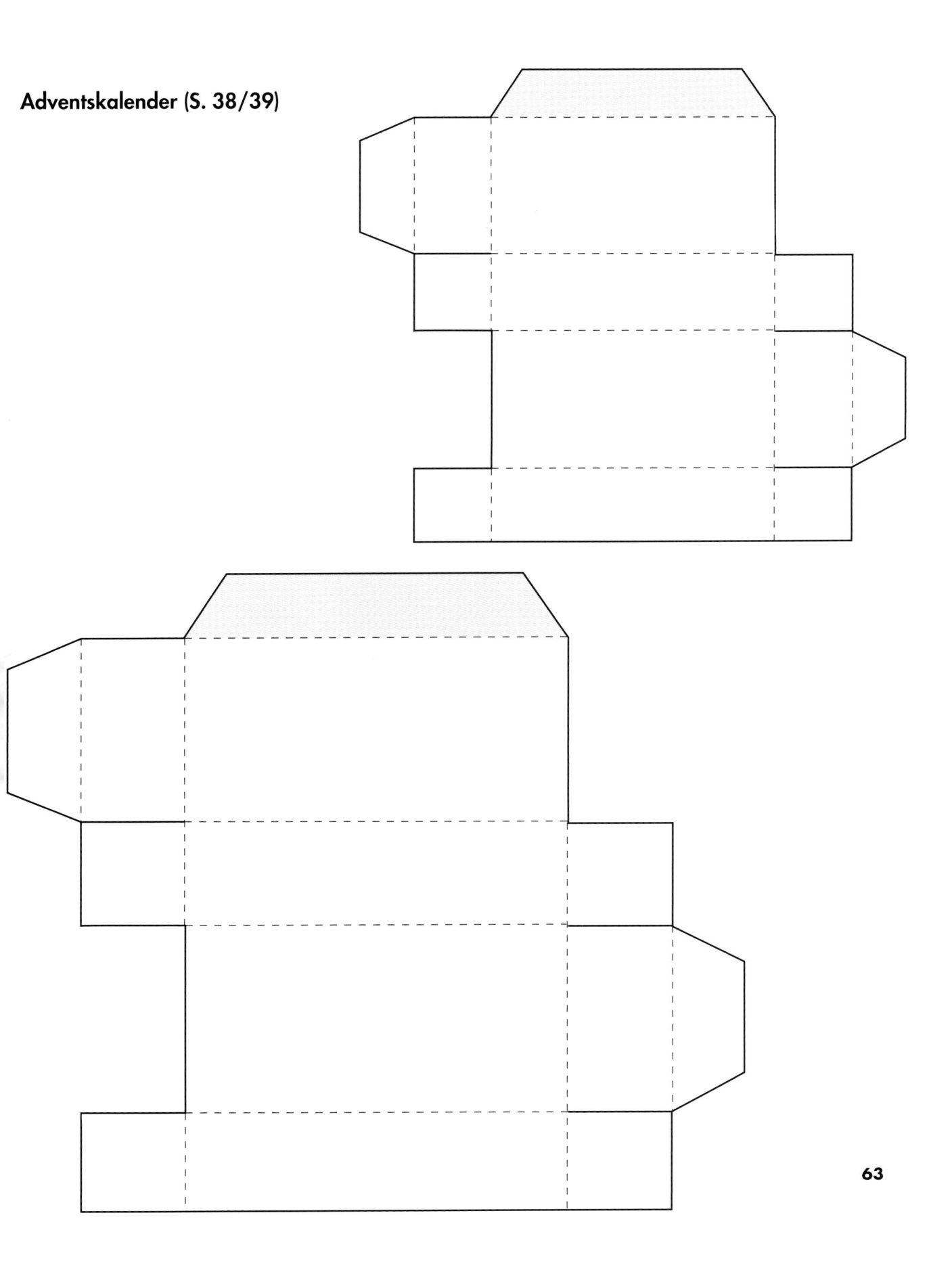

63

Zum gleichen Themenbereich sind im FALKEN Verlag bereits erschienen:

„Tischdekorationen für die Hochzeit" (Nr. 1825)
„Wir heiraten" (Nr. 4863)
„Geschenke zur Hochzeit" (Nr. 1987)

Der Text dieses Buches entspricht den Regeln der neuen deutschen Rechtschreibung.

Dieses Buch wurde auf chlorfrei gebleichtem und säurefreiem Papier gedruckt.

Das Nachbilden der Modelle ist ausschließlich zum privaten Gebrauch gestattet. Alle in diesem Buch veröffentlichten Modelle sind urheberrechtlich geschützt und dürfen nur mit ausdrücklicher Genehmigung des Verlags gewerblich genutzt oder ausgewertet werden.

Die Autorinnen und ihre Beiträge:
Sibylle Haenitsch-Weiß: Seiten 16, 20, 24 – 34, 38
Iris Kasperek: Seiten 6 – 14, 18, 22, 26, 38 (Engel), 40

ISBN 3 8068 7610 X

© 2001 by FALKEN Verlag, 65527 Niedernhausen/Ts.
Die Verwertung der Texte und Bilder, auch auszugsweise, ist ohne Zustimmung des Verlags urheberrechtswidrig und strafbar. Dies gilt auch für Vervielfältigungen, Übersetzungen, Mikroverfilmung und für die Verarbeitung mit elektronischen Systemen.
Umschlaggestaltung: Peter Udo Pinzer
Redaktion: Uta Koßmagk; Marion Krause, Stuttgart
Herstellung: Petra Zimmer; Robert Turzer, Stuttgart
Titelbild und Fotos: Susa Kleeberg und Friedemann Rink, Wiesbaden
Zeichnungen: Atelier Weiß & Haenitsch, Obernbreit
Satz: pws Print und Werbeservice Stuttgart
Gesamtherstellung: Hampp Verlag, Stuttgart

Die Ratschläge in diesem Buch sind von den Autorinnen und vom Verlag sorgfältig erwogen und geprüft, dennoch kann eine Garantie nicht übernommen werden. Eine Haftung der Autorinnen bzw. des Verlags und seiner Beauftragten für Personen-, Sach- und Vermögensschäden ist ausgeschlossen.
Druck: Ernst Uhl, Radolfzell

817 2653 4453 6271